イラスト図解

知っている
ようで
知らない

国債のしくみ

久保田博幸

池田書店

はじめに

国債は金融を支えるインフラ 誰もが無関係ではいられない!

社会生活を送るなかで、国債と直接関わることはあまりないかもしれません。しかし、私たちは間接的に国債と関わりを持っています。

電気が使え、水道が使え、ガスも使える。時刻表通に電車やバスが来る。この「あたりまえ」のものが、じつは多くの人の努力の結果だったのだと、災害時などに気づかされます。これらはインフラと呼ばれます。

国債についてもある意味、金融市場を支える大きなインフラといえます。しかし、そのシステムについて理解している人は多くありません。

私も証券会社に勤めて3年目に、債券部という部署に配属されるまで、債券や国債、金利や日銀などにそれほど関心は持っていませんでした。債券部に配属され、その後債券ディーラーとなり、少しずつ国債の仕組みが理解できるようになりました。

債券ディーラー時代、国債はあくまで運用手段でした。国債の利回りがどのように動いて、どのように売り買いすれば儲けられるのか。それを追求してきたわけですが、その国債の利回りの変化にはいろいろな要因が絡んでいることを少しずつ知るようになりました。

国債は機関投資家などの重要な運用先となっています。政府としては、歳出が歳入を上回る場合に借金として発行するものです。さらに国債の利回りが長期金利として重要な指標のひとつにもなっています。

債券の利回りは、市場参加者の売買によって形成され、市場心理も大きく影響していたのです。

そんな国債の知識ですが、必需と感じる人は少ないかもしれません。

しかし、国債は金利と密接に関わっています。投資に興味がある人であれば、金利は知らなければならない指標です。金利のうち長期金利は10年国債の利回りのことで、金融商品の利回りを比較する際のベンチマークともなっています。株式や為替などの運用についても、金利の知識は必須です。

住宅ローンなどを抱えている人にとっても、金利についての知識は必需となります。住宅ローンの固定金利は長期金利、変動金利は日銀の政策金利（短期金利）に連動性があるためです。

また、日本と欧米の金利差が拡大したことで円安が進行しました。

このように、国債は政府の財政に組み込まれ、金融市場の中核ともなり、金利の大きな目安となるなど、日本社会にとってはインフラのひとつとして組みこまれているといっても過言ではありません。

すべての人が国債と無関係ではいられないのです。

私は現在、金融アナリストとしてニュースやコラムなどを発信しています。30年以上、債券市場を見続けていた経験が、それらの配信記事などの源泉となっています。その経験を踏まえて、今の国債が置かれている状況は、かなり危険を伴うものとの認識を持っています。

国債のリスクの増大のもとになっているのは、大量の国債を保有し、イールドカーブ・コントロール（長期金利コントロール）によって日本の債券市場の機能を阻害させてきた日本銀行です。

そのリスクを明らかにすることもこの本の課題ともなっています。日銀の異常ともいえる金融緩和策、そのなかのひとつであるイールドカーブ・コントロールなどの意味をひとつひとつ丁寧に説き明かしています。これから何かが起こる前に、国債に関心を向けてほしいと思います。その際にこの本を役立てていただければうれしいです。

2023年6月　久保田博幸

久保田はこう見た

イールドカーブ・コントロール(YCC)とは何だったのか

イールドカーブ・コントロール(YCC)の意味と、
それが国債市場にどのような影響を及ぼしているのかを解説する。
専門用語などの詳細は本文で説明するため、
ここでは大まかな流れを把握してほしい。

日銀が踏み切った禁断の金融政策

日銀は2016年から、イールドカーブ・コントロール(YCC)という金融政策をとってきた。簡単にいえば、本来は金融市場によって形成される長期金利[1]を日銀がコントロールしようというものだ。

日銀による長期金利のコントロール方法

日本国債と日銀の金融政策やオペレーション[2]の関係性は深い。債券市場の動向を読むうえで、日銀の動きを常にチェックしておく必要があることは確かだ。ただし、日銀の金融政策やオペレーションは、本来であれば自在に長期金利をコントロールしようというものではない。

あくまで日銀が行ってきたのは、短期金利[3]に干渉することによって、

1 **長期金利**/1年以上の国債の金利のことだが、ここではとくに償還期限10年の国債の利回りを指す。

2 **オペレーション**/日銀が国債などの売買を通してお金の量の調整を図ること。

市場で形成される長期金利にも働きかけ、金融市場を通じて経済・物価動向に影響を与えようというものである。

日銀など中央銀行が金融政策を進める際の政策金利が短期金利[3]となっているのは、短期金融市場での日銀の影響力が大きいことによる。短期金融市場に参加しているのは銀行などに限られるため、資金の過不足を日銀がオペレーションで調節するとともに、政策金利を目標値に誘導するということがある程度可能だ。

本文の「6-8　イールドカーブ・コントロール（YCC）における問題点」のところでも紹介したが、以前の日銀のサイトには、次のように記されていた。

> 中央銀行が誘導するのに適しているのは、ごく短期の金利なのです。期間が長い金利の形成は、なるべく市場メカニズムに委ねることが望ましいのです。

現在の日銀のサイトでは、この文章はなくなっているようだ。日銀の政策と文面に齟齬（そご）が生じたためと予想される。

長期金利コントロール失敗の歴史

長期金利を中央銀行なり政府なりがコントロールしていたことは過去にもあった。有名なのが、第二次世界大戦時下の米国である。さらに日銀が2016年9月にイールドカーブ・コントロールを導入したのに続き、オーストラリアも2020年3月に政策金利を0.25%に引き下げ、3年物国債の利回りを政策金利と同じ水準に抑える目標を導入した。

米国は戦後、1951年に米財務省と米連邦準備制度理事会（FRB）[4]が発表した共同声明で、米国の国債金利上限維持政策（国債価格支持政策）終了を宣言した。この共同声明が、いわゆる「アコード」だ。

3 **短期金利**／期間1年未満の取引に適用される金利。

4 **米連邦準備制度理事会（FRB）**／アメリカの中央銀行に相当するが、実際の中央銀行業務は下部組織の連邦準備銀行が行う。

第二次世界大戦後、国債の利払いコストを抑え、さらに利上げによる国債価格の下落を回避しようとしたアメリカの財務省と、インフレ抑制のために金融引き締めを主張するFRBとの対立が激化した。1951年にトルーマン大統領の調停により、財務省とFRBとの間で協定が成立し、国債管理政策と金融政策が分離された。これによって低金利政策は廃止され、FRBは「政府からの独立性」を強めることになった。

また、オーストラリアについては、オーストラリア準備銀行がYCCの総括において、YCCが資金調達コストを削減したと評価する一方、国内外の市場の先行き見通しの変化に対応し切れず、政策対応が後手に回って市場の混乱を招き、中央銀行の信認に痛手を負ったと認めている。

さらにインフレなどを踏まえると「早期の終了が適切だった」と振り返り「再び採用する可能性は低い」と言い切った。

日本でも物価の上昇が顕著となり、物価を踏まえると「早期の終了が適切だった」ということになりかねない。また、アコード締結前の米国のように、金融政策が財政政策に組み込まれるような状況をこのまま継続せざるをえないことになる。

物価上昇で浮き彫りになったアベノミクスの問題点

日銀はイールドカーブ・コントロールの正当性をサイトで示している。

2023年6月時点の「教えて！にちぎん」というコーナーに、

> かつては、「中央銀行は、短期金利はコントロールできるが、長期金利はコントロールできない」といわれていましたが、金融政策によって長期金利をコントロールすることは可能なのですか？

という問いについての回答を掲載している。

5 **アベノミクス**／故安倍晋三元総理が掲げた経済政策。大胆な金融政策、機動的な財政出動、民間投資を喚起する成長戦略を柱とした。

6 **リフレ政策**／金利引下げなどの金融政策で景気回復を図ること。

これを読んでみると、これまで日銀が行ってきた政策を羅列するのみで、実はコントロールすることは可能ですといった文言はない。

日銀がいくらイールドカーブ・コントロールの正当性を主張しても、それまでの経緯から、日銀が追い込まれていたことがうかがえる。問題は、追い込まれて袋小路に入り込んだことよりも、そこから抜け出すことが困難と思い込み、今の政策を続けることに意義を見いだした点にある。

イールドカーブ・コントロールのきっかけとなったのは、2012年の衆院選に端を発するアベノミクス[5]だ。アベノミクスの矢のひとつとして、安倍政権は、人員を含めたリフレ政策[6]を日銀に押しつけた。これによって正統とはいいにくい金融政策ができあがった。日銀は、リフレ政策を早期に終わらせるべく、2年という短期決戦に挑んだが、それは叶わなかった。そもそもリフレ政策に正当性がなかったからだ。

しかし、一度進めた政策を変えることは簡単ではなかった。そうして始まったのが2016年のマイナス金利政策であり、長短金利操作であった。

ただし、これは一時、世間を騒がせたMMT理論[7]のように、物価が低位安定しているとボロは出なかった。

問題が表面化するのは2020年以降。新型コロナウイルスの世界的な感染拡大やロシアによるウクライナ侵攻によって、世界的に物価情勢が一転したことによる。

欧米の中央銀行は物価の急激な上昇を受けて、金融引き締めに転じ、積極的な利上げを続けた。正統で、伝統的な金融政策を実施したわけである。

債券市場を犠牲にし続ける日銀

対して日銀は、政策の反転は頑として認めなかった。それは金融政策の公表文にもあらわれている。2023年6月16日の金融政策決定会合の「当面の金融政策運営について」には、「必要があれば、躊躇なく追加

7 **MMT理論**／現代貨幣理論の略。自国通貨を発行できる政府は財政赤字を拡大しても破綻しない、インフレにならない限り国債をいくら発行しても問題ない、などが代表的な主張。

的な金融緩和措置を講じる。」とだけあった。

2022年4月以降、日銀の物価目標であるところの全国消費者物価指数（除く生鮮食料品）は、前年同月比で2%を超えて上昇を続けている。にもかかわらず、「必要があれば、躊躇なく追加的な金融緩和措置を講じる」とはどういうことであろう。それを政策委員全員が一致して、この文面を含めて賛成していたのである。

ここはどう考えても「必要があれば、躊躇なく金融政策の変更を行う」であろう。インフレ下にあって、日銀の金融政策が緩和の一方通行というのは非常識極まりない。

金融政策に最も必要なのは、機動性、柔軟性である。それをまったく無視した政策を行っているというのはどういうことだろうか。

物価上昇に対して
利上げを行う理由

金利上昇
貯金が増える
市中のお金が減り、お金の価値が上昇
物価が下がる
インフレ抑制が期待される
500

その結果、無理が無理を呼んで、日銀は日本の債券市場を犠牲にしたのである。日銀は長期金利を維持するために指値オペ[8]などを使って国債の買い入れを行っていたが、2022年には空売り[9]などが絡んだ結果10年国債の新発債を発行額以上に買い入れるという非常事態まで発生した。これが、日本で物価が上がっている最中に起きていたのである。

これによって日本の債券市場の機能は大きく損なわれた。日銀は、ヘッジファンド[10]などの売りを仕掛けた投資家が原因としたいようだが、そもそも物価が上昇しているなかにあって、非常時緩和を続ける日銀のほうに無理がある。それをヘッジファンドなどによって突かれた格好だ。

それに対して日銀は債券の流動性の中心にある10年国債の新発債と、やはり債券の流動性の原動力となっている債券先物のチーペスト[11]まで買いあげ、その流動性を喪失させたのである。つまり日本の債券市

8 **指値オペ**／国債を一定の利回りで日銀が買い入れること。

9 **空売り**／保有していない有価証券を売ること。

10 **ヘッジファンド**／幅広い金融商品を組み合わせ、高い運用成果を目指す投資ファンド。

場の機能を喪失させることで、長期金利をコントロールしようとしたのである。

日銀は本来の考え方に回帰するべきだ

今後再び、日本の長期金利が上昇し、同様のことを繰り返すことも当然考えられる。2023年に入り、長期金利は一時的に落ち着いており、イールドカーブ・コントロールを撤廃するチャンスだった。しかも日銀総裁が黒田氏から植田氏に替わり、市場も変化に期待していた。

ところが2023年4月と6月の金融政策決定会合では、全員一致での現状維持となり、まったく変化を見せなかったのである。

このままイールドカーブ・コントロールを続けるとなれば、債券市場の流動性を喪失させるばかりか、財政ファイナンス[12]との認識をも強めさせかねない。さらには政策対応が後手に回ったとされることで、市場の混乱を招き、日銀の信認にまで痛手を負いかねない。

日銀は本来の考え方である。「期間が長い金利の形成は、なるべく市場メカニズムに委ねることが望ましいのです」に戻すべきなのだ。

さらに金融政策は一方通行ではなく、緩和も引き締めもあることを示す必要がある。マイナス金利政策も解除することで、少なくとも金融政策の正常化を計り、そのうえで物価などに応じた本来の金融政策に戻すべきである。

どうして長期金利の形成を市場に委ねるべきなのか。その詳細については本文にて詳しく説明しているので、ぜひ一読していただきたいと思う。

11　**チーペスト**／受渡可能な国債で一番割安な銘柄。先物価格と連動。

12　**財政ファイナンス**／財政赤字をまかなうために、政府の発行した国債等を中央銀行が通貨を増発して直接引き受けること。

序章

第1章 国債の種類

第2章 国債の理解に必要な債券知識

第7章 日本国債のリスク

第8章 日本の財政事情と国債の安全性

この本の見かた

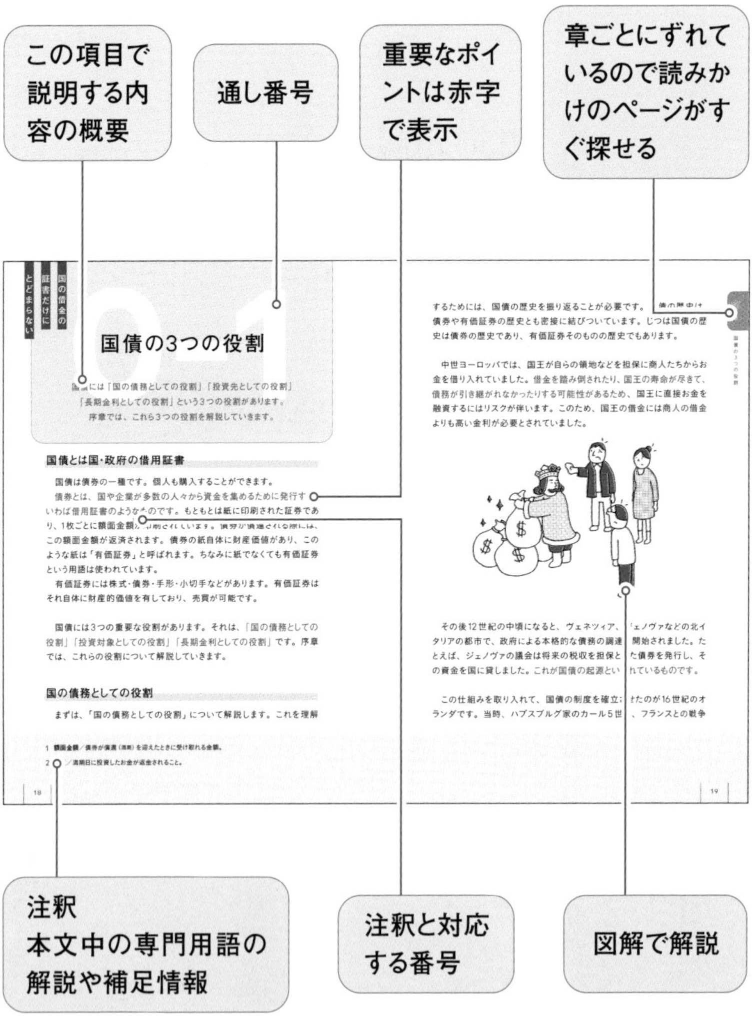

この項目で説明する内容の概要
通し番号
重要なポイントは赤字で表示
章ごとにずれているので読みかけのページがすぐ探せる
国の借金の
証書だけに
とどまらない
国債の3つの役割
には「国の債務としての役割」「投資先としての役割」
「長期金利としての役割」という3つの役割があります。
序章では、これら3つの役割を解説していきます。
国債とは国・政府の借用証書
国債は債券の一種です。個人も購入することができます。
債券とは、国や企業が多数の人々から資金を集めるために発行す
いわば借用証書のようなものです。もともとは紙に印刷された証券であ
り、1枚ごとに額面金額
この額面金額が返済されます。債券の紙自体に財産価値があり、この
ような紙は「有価証券」と呼ばれます。ちなみに紙でなくても有価証券
という用語は使われています。
有価証券には株式・債券・手形・小切手などがあります。有価証券は
それ自体に財産的価値を有しており、売買が可能です。
国債には3つの重要な役割があります。それは、「国の債務としての
役割」「投資対象としての役割」「長期金利としての役割」です。序章
では、これらの役割について解説していきます。
国の債務としての役割
まずは、「国の債務としての役割」について解説します。これを理解
1 額面金額／債券が償還（満期）を迎えたときに受け取れる金額。
2 ／満期日に投資したお金が返金されること。
18
するためには、国債の歴史を振り返ることが必要です。
債券や有価証券の歴史とも密接に結びついています。じつは国債の歴
史は債券の歴史であり、有価証券そのものの歴史でもあります。
中世ヨーロッパでは、国王が自らの領地などを担保に商人たちからお
金を借り入れていました。借金を踏み倒されたり、国王の寿命が尽きて、
債務が引き継がれなかったりする可能性があるため、国王に直接お金を
融資するにはリスクが伴います。このため、国王の借金には商人の借金
よりも高い金利が必要とされていました。
その後12世紀の中頃になると、ヴェネツィア、
ェノヴァなどの北イ
タリアの都市で、政府による本格的な債務の調達
開始されました。た
とえば、ジェノヴァの議会は将来の税収を担保と
た債券を発行し、そ
の資金を国に貸しました。これが国債の起源とい
れているものです。
この仕組みを取り入れて、国債の制度を確立
たのが16世紀のオ
ランダです。当時、ハプスブルグ家のカール5世
、フランスとの戦争
19
注釈
本文中の専門用語の解説や補足情報
注釈と対応する番号
図解で解説

序　　章

01

国債の3つの役割

国債には「国の債務としての役割」「投資先としての役割」「長期金利としての役割」という3つの役割があります。序章では、これら3つの役割を解説していきます。

国債とは国・政府の借用証書

国債は債券の一種です。個人も購入することができます。

債券とは、国や企業が多数の人々から資金を集めるために発行する、いわば借用証書のようなものです。もともとは紙に印刷された証券であり、1枚ごとに額面金額[1]が印刷されています。債券が償還[2]される際には、この額面金額が返済されます。債券の紙自体に財産価値があり、このような紙は「有価証券」と呼ばれます。ちなみに紙でなくても有価証券という用語は使われています。

有価証券には株式・債券・手形・小切手などがあります。有価証券はそれ自体に財産的価値を有しており、売買が可能です。

国債には3つの重要な役割があります。それは、「国の債務としての役割」「投資対象としての役割」「長期金利としての役割」です。序章では、これらの役割について解説していきます。

国の債務としての役割

まずは、「国の債務としての役割」について解説します。これを理解

1 **額面金額**／債券が償還（満期）を迎えたときに受け取れる金額。

2 **償還**／満期日に投資したお金が返金されること。

するためには、国債の歴史を振り返ることが必要です。国債の歴史は、債券や有価証券の歴史とも密接に結びついています。じつは国債の歴史は債券の歴史であり、有価証券そのものの歴史でもあります。

中世ヨーロッパでは、国王が自らの領地などを担保に商人たちからお金を借り入れていました。借金を踏み倒されたり、国王の寿命が尽きて、債務が引き継がれなかったりする可能性があるため、国王に直接お金を融資するにはリスクが伴います。このため、国王の借金には商人の借金よりも高い金利が必要とされていました。

その後12世紀の中頃になると、ヴェネツィア、ジェノヴァなどの北イタリアの都市で、政府による本格的な債務の調達が開始されました。たとえば、ジェノヴァの議会は将来の税収を担保とした債券を発行し、その資金を国に貸しました。これが国債の起源といわれているものです。

この仕組みを取り入れて、国債の制度を確立させたのが16世紀のオランダです。当時、ハプスブルグ家のカール5世は、フランスとの戦争のために巨額の資金を調達する必要がありました。そこで、領地であったネーデルラント連邦ホラント州の議会に元利金の返済のための税収を与え、その議会への信用をもとにして国債を発行します。国債という仕組みが生まれた背景には、戦費の調達という要因があったのです。

国債は国王や皇帝による個人の借金とは異なり、今後も永久に存続する議会の信用をもとに、税収を担保に発行されます。このシステムを運用するためには強い徴税権[3]を持った国家の樹立が必要不可欠であり、北イタリア諸都市からオランダ、そしてオランダの制度を取り入れ充実させたイギリスなど、近代国家の形成とともに国債制度が育まれていきました。

国債は未来の税収を担保に発行される

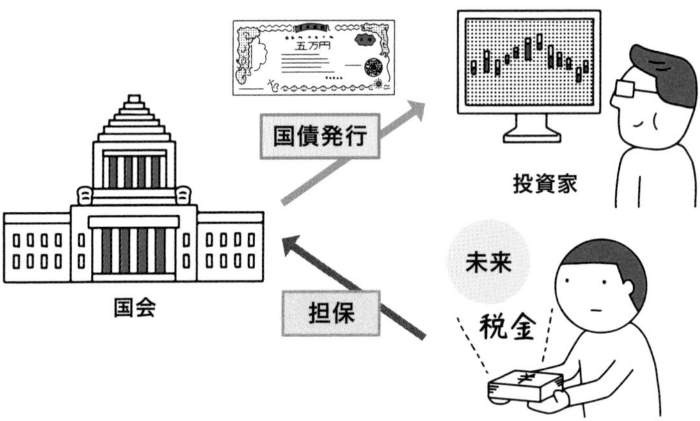

現在の日本の建設国債や赤字国債なども、徴税権を有する政府のもと、永久に存続する国会（衆議院および参議院）の承認をもとに、将来の税収を担保にして発行されているものなのです。

3 **徴税権**／租税を取る権利。

投資先としての役割

次に「投資先としての役割」について解説します。国債がどのように投資対象として機能するのかを理解するために、まず債券自体の仕組みを理解することが重要です。

債券は小口[4]の額面金額に分けられて発行されることで、不特定多数の人から大きな資金を借入れることが可能となります。債券は市場で取引できるため、投資の対象になります。そのなかでも、国債は最も安全性が高い金融商品とされています。

債券は発行時に利率や満期日（償還日[5]）が決められ、満期日を迎えると額面金額を受け取ることができます。額面金額は、かつて証券の表面（券面）に印刷されていましたが、現在では券面そのものが発行されないペーパーレス化しています。そのため、額面金額は当初に取り決められた償還時の金額ということになります。

発行者から見て資金をいつまで借り入れるのかを示しているのが償還期限です。購入者の視点では、資金をどの程度運用できるのかという期間を示すことになります。

債券の購入者は資金運用を目的とするため、最も重視している要素が安全性と収益です。

その収益のひとつが債券の利子です。額面金額に対する年あたりの利子の割合を利率と呼びます。そして利子による収入のことをインカムゲイン[6]と呼びます。

さらにインカムゲイン以外の収益が発生する可能性もあります。債券は有価証券という商品であり価格が存在します。債券は市場で売買される有価証券で、株価などと同様に価格が変動するからです。

4 **小口**／購入単位を小さくしたもの。

5 **償還日**／保有者に額面金額を払い戻す満期日。

6 **インカムゲイン**／株式や債券、預金などを保有することで得られる配当や利子のこと。

たとえば、額面金額100万円の債券を99万円で購入すれば、償還時には100万円を受け取るため、1万円の収益が発生します。100万円の額面金額であれば1万円の収益となります。このような収益をキャピタルゲイン[7]と呼びます。しかし、投資家にとっての利益はこれら2つを合わせたもので、それを年間あたりに換算したものが、債券の利回りとなります。

長期金利としての役割

最後に「長期金利としての役割」を解説します。

長期金利とは、直近に発行された10年国債の利回りのことで、これは現在の欧米などでも同様です。その国の金利を示す大事な指標となっているのです。

債券の利率と額面金額は一定のため、債券の「利回りが上昇」するためには、年間あたりのキャピタルゲイン（額面－買付単価）を増加させる必要があります。買付単価が下がる、つまり「価格が下がる」ことにより、キャピタルゲインが増えます。それを年間あたりに換算すると、「利回りが上昇」します。

反対に「価格が上がる」とキャピタルゲインが減少し、それによって「利回りが低下」します。

このように、債券の利回りと価格は反対方向に動くのです。

これを国債に置き換えると、国債の利回りが低下すると国債の価格は上昇し、国債の利回りが上昇すると国債の価格が下落することになります。ここが債券を見るうえで最も注意すべきものとなります。

このように、債券は債券市場で売買されることで利回りが上下し、価格はその反対方向に動きます。利回りは物価や景気動向などに応じて

7 キャピタルゲイン／保有している債券を売却することによって得られる売買差益。

動くものなのです。

国債の利回りである長期金利も同じであり、国債そのものの需給のバランスなどに応じて動きます。国が財政支出を増やし、その財源として国債を大量に発行すると需給バランスが崩れ、国債の価格が下落（利回りが上昇）します。

また、海外、とくに米国債の利回りの動向なども日本の国債利回りの変動要因になります。

このように、本来であれば長期金利は市場で形成されるものです。しかし、2016年9月から日銀が短期金利だけでなく、長期金利も誘導目標[8]に加えています。長期金利、つまり10年国債の利回りを一定水準に抑え込むという政策を採ってきたのです。

長期金利のコントロールを導入する前まで、日銀は「長期金利は市場で形成されるもの」として扱っていました。では、どうして日銀は金融政策の誘導目標にして、長期金利をコントロールしようとしたのでしょうか。この疑問についても本書で解説していきます。

1 国債は将来の税収を担保に発行される

2 国債は投資目的の金融資産のひとつ

3 10年国債の利回りが長期金利

8 **誘導目標**／日銀がオペレーションによって操作する目標。

用語解説

額面金額
債券が償還（満期）を迎えたときに受け取れる金額。

金利裁定
金利における割高、割安が発生した際に、それが調整されること。

小口
購入単位を小さくしたもの。

財投機関
財政投融資を活用している機関。

仕掛売り
国債利回りの上昇（価格の下落）をにらみ、債券を空売りして、価格が下落した後、買い戻そうとすること。

償還
満期日に投資したお金が返金されること。

償還日
保有者に額面金額を払い戻す満期日。

出納整理期間発行
翌年度の4～6月に特例国債や復興債の一部を発行する仕組み。

政府関係機関債
独立行政法人などの政府関係機関や日本政策金融公庫などの特殊法人が特別な法律に基づいて発行する債券。

7年債
戦後最初に発行されたのはのちに主体となる「10年債」ではなく「7年債」だった。

年賦償還
利子を払いながら均等に償還する。

表面利率
「利率」または「クーポンレート」とも呼ばれ、利付債について半年ごとに支払われる利子の大きさを表すもの。

復興債
東日本大震災からの復旧・復興事業に必要な財源を確保するために発行される国債。

満期償還
利子を払いながら償還期日に全額償還する。

呼値
売買する際の価格の刻み幅のこと。

利付国債
半年に1回ずつ利子が支払われる国債。

第1章

国債の種類

1-1 国債は国会の議決に基づき発行される

国債を発行するにあたり、
憲法や財政法ではどう位置づけられているのでしょうか。
国債を発行するためにはいろいろな決まり事が存在します。

国債は、国の財政に組み込まれた制度です。国債を発行するために、発行根拠法と呼ばれる法律が存在しており、それによって国債の種類が分けられます。

公債と民間債

国債は債券の一種ですが、債券は公債と民間債に分けられます。
公債とは、国や地方公共団体が財政収入の不足を補うために「債券の発行」または「証書借り入れ」によって負う債務のこと。国の発行する公債が本書で取り扱う国債です。他にも、地方自治体の発行する公債を地方債と呼びます。公債は、それ以外の借入金などとは区別されます。

公的機関ではない民間企業などが発行する債券は民間債と呼ばれ、株式会社が発行する社債や、特定の銀行・特定の金庫が発行する金融債などがあります。

憲法の規定と国債の取り扱い

国債を発行するということは、「国が債務を負担する」ということです。
憲法の第185条には、国が債務を負担する際の決め事が書かれています。

> 憲法　第85条
> 国費を支出し、又は国が債務を負担するには、国会の議決に基くことを必要とする。

このように国債は憲法に基づいて、国会の議決により発行されます。

ただし、国会の議決が何を指すのかについて、具体的に定めているわけではありません。したがって法律、予算、あるいは他の形式でも差し支えはないのですが、日本の場合は国債を発行する議決はすべて法律という形式を取っています。

他方、米国では、合衆国憲法第1条第8項に「連邦議会の権限として、合衆国の信用に基づいて借り入れをすること」との規定があります。

大別すると普通国債と財投債の2種類

日本の国債は発行根拠法によって、建設国債、特例国債（赤字国債）、借換債、財投融資特別会計国債（財投債）に分けられます。さらに大きく分類した場合、普通国債（建設国債、特例国債、借換債、復興債）と財投債に分けられます。利払いや償還について普通国債では主に税を財源としているのに対し、財投債では財政融資資金の貸付資金回収金によって賄われます。詳しくは40ページの財投債の説明をご覧ください。

令和5年度国債発行予定額

〈発行根拠法別発行額〉　　　　　　　　　　　　　（単位：億円）

区分		令和4年度当初(a)	令和4年度2次補正後(b)	令和5年度当初		
				(c)	(c)-(a)	(c)-(b)
普通国債	新規国債	369,260	624,789	356,230	▲13,030	▲268,559
	建設国債	62,510	87,270	65,580	3,070	▲21,690
	特例国債	306,750	537,519	290,650	▲16,100	▲246,869
	GX経済移行債（仮称）	-	-	5,061	5,061	5,061
	借換債	1,529,404	1,484,872	1,575,513	46,109	90,641
	復興債	1,716	-	998	▲718	998
財投債		250,000	165,000	120,000	▲130,000	▲45,000
国債発行総額		2,150,380	2,274,662	2,057,803	▲92,577	▲216,859

出所：財務省

外貨建ての日本国債

1870年4月23日、鉄道施設の資金調達のために日本で初めて国債が発行されました。そのときの国債は、外貨建てでした。その後も、明治から大正にかけて公共事業や戦費調達のためには外貨に頼らざるをえなかったことから、外貨国債を発行していきます。1870年から1930年にかけて22銘柄の外貨国債が発行されました。

第二次世界大戦後は、外債の発行は長期間中断されていました。しかし、1958年に「産業投資特別会計の貸付の財源に充てるための外貨債の発行に関する法律[1]」が制定されています。この法律に基づいて、1959年1月に米国で発行された第一回産業投資米貨公債の収入金は、産業投資特別会計を通じて電源開発株式会社に貸付けられました。

また、1963年には「外貨公債の発行に関する法律」が制定されました。以後同法に基づき、産業投資特別会計による外貨国債の発行が行われ、米国で1銘柄、西ドイツ（当時）において2銘柄、スイスにおいて2銘柄発行されています。それらの収入金は、日本開発銀行を通じた産業資金供給、日本道路公団の事業資金などに活用されました。

1 **産業投資特別会計の貸付の財源に充てるための外貨債の発行に関する法律**／産業投資特別会計とは財政投融資の一環として出資や貸付けを行った特別会計。その貸し付けの財源に充てるため発行される外貨債の発行根拠法。

「外貨公債の発行に関する法律」
（外貨公債の発行）
第一条　政府は、財政投融資特別会計の投資勘定の貸付けの財源に充てるため、同勘定の負担において、外国通貨をもつて表示する公債（以下「外貨債」という。）を発行することができる。
2　前項の規定による外貨債の限度額については、予算をもつて、国会の議決を経なければならない。
3　第一項に定めるもののほか、政府は、外貨債を失つた者に対し交付するため必要があるときは、外貨債を発行することができる。
（準用）
第四条　第一条第三項及び前二条の規定は、財政法（昭和二十二年法律第三十四号）第四条第一項ただし書の規定により発行する外貨債、特別会計に関する法律（平成十九年法律第二十三号）第四十六条第一項及び第四十七条の第一項規定により外貨債の整理又は償還のため発行する外貨債並びに同法第六十二条第一項の規定により発行する外貨債について準用する。

一般会計予算の上で外貨建て国債を発行するため、1986年5月に「外貨公債の発行に関する法律」が改正されました。しかし、現在まで発行実績はありません。つまり、法律上、外貨建ての国債を発行できるようにしたものの、それによる国債は発行されていないということです。ただし、この法律が存在する以上、いつでも外貨建ての日本国債は発行できることになります。

1 債券は公債と民間債に分けられる

2 国債には発行するための法律が存在する

3 初めて発行された国債は外貨建てだった

発行限度額は国会の議論で決まる

12

社会基盤を整備するための建設国債

国債のなかで、道路や橋の建設など、社会基盤を整備するために発行される国債のことを建設国債と呼んでいます。建設国債は財政法を発行根拠法としています。

国などの年度の収入のことを「歳入」、その年度の支出のことを「歳出」と呼びます。国は歳出が税収などの歳入では賄いきれない場合、不足分を補うために借金をします。このようなときに発行されるのが国債です。

道路や橋の建設など、社会基盤を整備するために発行される国債のことを、建設国債と呼んでいます。

建設国債は財政法を発行根拠法としています。財政法の四条に記載されているため、四条国債とも呼ばれます。

> 財政法第四条
> 国の歳出は、公債又は借入金以外の歳入を以て、その財源としなければならない。但し、公共事業費、出資金及び貸付金の財源については、国会の議決を経た金額の範囲内で、公債を発行し又は借入金をなすことができる。
> 2　前項但書の規定により公債を発行し又は借入金をなす場合においては、その償還の計画を国会に提出しなければならない。
> 3　第一項に規定する公共事業費の範囲については、毎会計年度、国会の議決を経なければならない。

財政法では、健全財政主義の原則に基づき、国債の発行で財政を運用することを原則として禁止しています。この背景には、戦前・戦時に巨額の公債が軍事費調達のために発行され、その大部分が日銀で引き受けられたことがあります。それが戦後の激しいインフレーションを引き起こし、その反省がひとつの契機であったとされています。

このため、国の歳出は原則として租税などにより賄うべしとの非募債主義（国の財政は基本的に国債によらないとするもの）を採っています。

しかし、公共事業費と出資金、貸付金の財源になる投資的経費に限っては、財政法第四条第1項ただし書により例外的に国債の発行が認められています。そのために発行される国債が建設国債なのです。

建設国債は、国会の議決を経た金額の範囲内で発行できるとされており、その発行限度額は一般会計予算総則[1]に規定されています。

建設国債の発行理由

建設国債は公共事業などの財源となり、国の資産を形成するために発行されます。道路や下水道、ダムの建設といった公共事業は多額の資金が必要です。我々は将来もでき上がった設備・施設の恩恵を受けることになります。

このような社会基盤が整備されれば、産業の育成などに貢献し、我々の生活にもプラスとなります。その結果、将来の税収入を増やすことも期待できるということが、建設国債の発行を正当化する理由となっているのです。

負担の世代間公平という考え方に基づいて、公共事業などに限り国債発行を認めているものともいえます。

ドイツの連邦基本法115条やイギリスのブレア政権が1998年に策定したゴールデン・ルール[2]においても同様の原則が規定されています。

1 **一般会計予算総則**／予算総則とは、国会承認を受けた収支予算書に定める予算の相互流用や建設費予算の繰越しなど予算の運用などに関する規定。

2 **ゴールデン・ルール**／景気循環の一期間を通じて、政府の借入れは投資目的に限り行い、国債発行額は純投資額（粗投資額－減価償却）を超えてはならないというルール。

建設国債が発行されるワケ

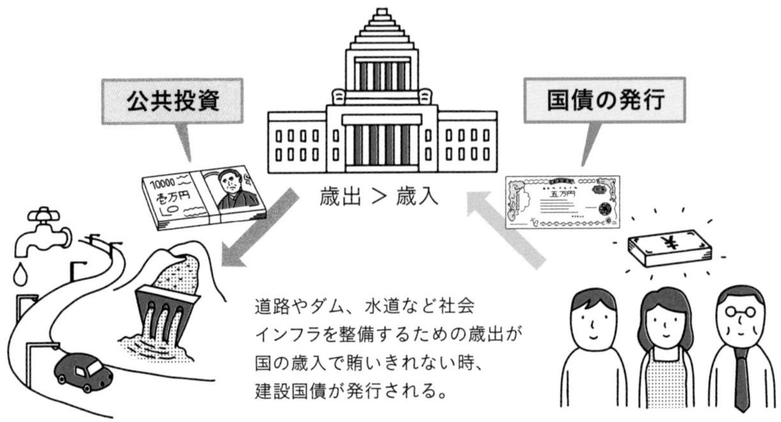

公共投資
国債の発行
歳出 ＞ 歳入
10000
壱万円
五万円
道路やダム、水道など社会
インフラを整備するための歳出が
国の歳入で賄いきれない時、
建設国債が発行される。

建設国債の限度額の議決を受ける際に、財務省は償還の計画を国会に提出しなければなりません。

この償還計画表は、年度別の償還予定額を示し、満期償還[3]か年賦償還[4]かという償還方法と償還期限を明らかにするものです。

もし何らかの理由で発行年限の変更（10年債の一部を2年債にするなど）が生じた場合には、この償還計画表の差し替えが必要になります。そのため、補正予算を含む予算の審議時においては国債の年限の振り分けなどの変更は可能ですが、それ以外の国債の年限別発行額変更などは難しくなっています（国債の発行年限を途中で修正するのはかなり困難）。

1 社会基盤を整備するために発行される国債が建設国債

2 建設国債は財政法を発行根拠法としている

3 建設国債は、国会の議決を経た金額の範囲内で発行できる

3 **満期償還**／利子を払いながら償還期日に全額償還する。

4 **年賦償還**／利子を払いながら均等に償還する。

戦後初の国債は特例国債(赤字国債)

財政法に基づいて発行される建設国債に対して、
特例国債(赤字国債)は、発行されるたびに特別法を制定し、
特例により発行される国債です。

最初の特例国債の発行

特例国債は建設国債の発行をもってしてもなお歳入が不足すると見込まれる場合に、公共事業など以外の歳出に充てるための資金調達を目的として発行されます。

1965年、東京オリンピック直後の日本経済は、昭和40年不況と呼ばれる深刻な不況に陥りました。企業の倒産が続出し、政府の税収も大きく落ち込みます。当時の佐藤栄作首相や福田赳夫大蔵大臣などが議論を重ねた結果、1965年11月19日の第二次補正予算で、戦後初めてとなる国債を発行する方針を決定しました。この国債発行に対して、佐藤首相は「あくまでも特例としての発行である」と発表し、これにより特例国債(赤字国債)が生まれたのです。

戦後初の国債は、なるべく発行したくなかったので特例として出しました。しかしその後も国債の発行を続けざるをえなくなり、特例としてではなく「建設国債」として発行されるようになります。

国債発行額の推移

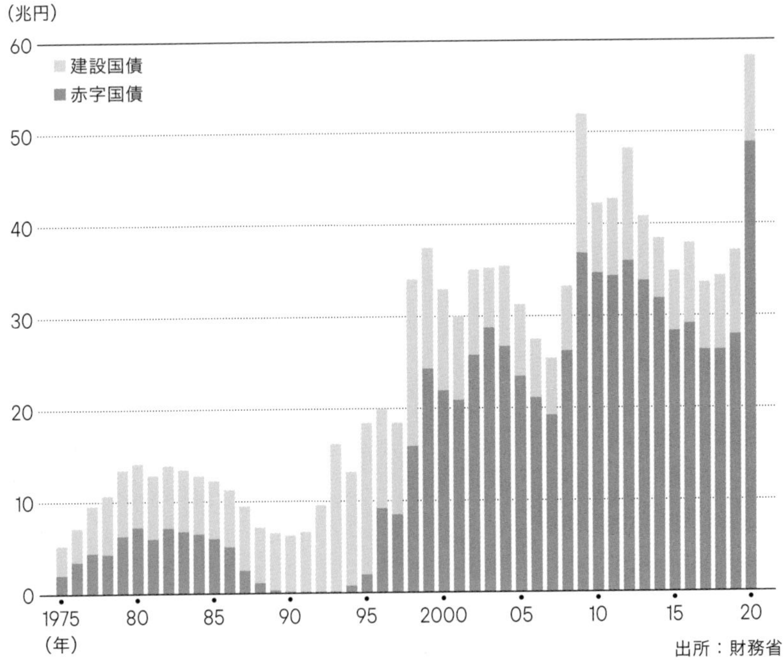

出所：財務省

オイルショック後の特例国債発行

その後、しばらく特例国債は発行されませんでした。しかし、1975年度に石油ショック後の影響により巨額の税収不足が予測されるようになります。建設国債の発行により賄われる公債発行対象経費[1]を上回る部分を補うために、改めて特例としての国債を発行せざるをえなくなったのです。戦後初の国債を「特例で」出したことで、これを使えばよいとの発想だったのかもしれません。このため「昭和50年度の公債の発行の特例に関する法律」が国会に提出され、成立しました。

この法律が単年度立法として提出されたことで、それ以降も類似の法律（略称は「特例公債法」）が毎年度制定され、特例国債が発行されます。

1 **公債発行対象経費**／国債の発行で得られる資金によって使われる決められた額の経費。

1990年度から1993年度の間、好景気による税増収や財政再建の努力の結果として、特例国債が一時的に発行されない期間がありました。しかし、すぐにまた発行が再開され、1994年度から現在に至るまで特例国債は毎年発行され続けています。

このように特例国債は、建設国債の発行をしても歳入が不足すると見込まれる場合に、一般会計の財源不足を補うために発行されます。おもに社会保障、防衛費や人件費などの経常的経費を調達するために充てられています。

しかし、人件費などの経常的経費は、将来世代に資産を残すことはありません。国債残高のみ増加し、そのための利払いと償還のための税負担というかたちでの費用負担だけを残すことになるため、財政法ではこのための国債発行は認めていません。それにもかかわらず、一時期を除いて毎年度特例法が制定されています。もはや特例という言葉自体も意味をなさないものになっているのです。

2021年1月には「財政運営に必要な財源の確保を図るための公債の発行の特例に関する法律」の一部を改正する法律案が提出されました。

建設国債のほか、「財政運営に必要な財源の確保を図るための公債の発行の特例に関する法律」により、2021年度から2025年度までの間の各年度の一般会計の歳出の財源に充てるため、当該各年度の予算をもって国会の議決を経た金額の範囲内で、特例公債を発行することができることとなりました。つまり毎年度、特例公債法を定めなくとも特例国債が発行できるようになったのです。

特例国債は、建設国債と同様に国会の議決を経た金額の範囲内で発行できます。その発行限度額は、一般会計予算総則に規定されています。

出納整理期間の発行

実際に特例国債を発行する際は、議決を経た範囲内で、税収などの実績に応じ発行額を極力抑える必要があります。このため、毎年度の税収の収納期限である翌年度の5月末までの税収実績などを考慮して特例国債の発行額を調整する必要があります。

そこで、特例国債の発行時期を翌年度の6月末までとする、いわゆる出納整理期間発行の制度が設けられています。

前年度予算で税収が予想より上振れして、予定された国債を全額発行しなくて済みそうな場合に、翌年度の出納整理期間の発行に回すことで、翌年度の国債発行額をその分減らすことが可能となります。

翌年度の国債発行額については、補正予算編成時に改めて修正が可能となります。

1 戦後初めて発行された国債は特例国債（赤字国債）

2 特例法を毎年制定して発行されていた

3 特例国債は国会の議決を経た金額の範囲内で発行できる

「60年償還ルール」と借換債

1966年度以降に発行された建設国債については、発行時の償還期限にかかわらず、すべて60年かけて償還される仕組みが導入されました。そのために発行されるのが借換債です。

60年償還ルール

1965年度に戦後初めて発行された国債（特例国債、7年債[1]）は、その満期が到来した1972年度に全額現金で償還されました。

そして、1966年度以降に発行された建設国債については、発行時の償還期限にかかわらず、すべて60年かけて償還される仕組みが導入されました。これは公共事業によって建設されたものの平均的な効用発揮期間、つまり使用に耐えられる期間が、おおむね60年と考えられたためです。これが国債の60年償還ルールと呼ばれるものです。

1985年からは建設国債だけでなく特例国債（赤字国債）にも60年償還ルールが適用されることになりました。

借換債は60年償還ルールによる国債の整理または償還のために発行される国債のことです。

普通国債（建設国債と赤字国債）については、償還額の一部を返済するための資金を調達する目的で借換債が発行されているのです。

ただし、復興債[2]の場合は、復興財源とされている復興特別税の税収や株式の売却収入の金額に応じて、借換債の発行を行っています。

1 **7年債**／戦後最初に発行されたのはのちに主体となる「10年債」ではなく「7年債」だった。

2 **復興債**／東日本大震災からの復旧・復興事業に必要な財源を確保するために発行される国債。

前倒し発行

令和５年度国債発行予定額

〈消化方式別発行額〉　　（単位：億円）

区　分	令和４年度当初 (a)	令和４年度２次補正後 (b)	令和５年度当初 (c)	(c)-(a)	(c)-(b)
カレンダーベース市中発行	1,986,000	2,031,000	1,903,000	▲83,000	▲128,000
第Ⅱ非価格競争入札等	82,970	78,473	69,630	▲13,340	▲8,843
年度間調整分	30,410	106,989	30,173	▲237	▲76,816
市中発行分　計	2,099,380	2,216,462	2,002,803	▲96,577	▲213,659
個人向け販売分	29,000	36,200	35,000	6,000	▲1,200
公的部門（日銀乗換）	22,000	22,000	20,000	▲2,000	▲2,000
合　計	2,150,380	2,274,662	2,057,803	▲92,577	▲216,859

出所：財務省

大量の国債発行を円滑に行うために、借換債は会計年度を越えて前年度の前倒し発行が可能となっています。

これは、国債の大量償還が続くことが見込まれるなか、「満期償還が集中した場合の影響の緩和」「各年度の国債市中発行額の大幅な変動の抑制」「金融情勢などに応じた借換債の弾力的な発行」などを可能にするためです。

「令和５年度国債発行予定額」には「年度間調整分」が記載されています。「年度間調整分」には前倒債発行の差額のほか、当年度と前年度の「出納整理期間発行[3]」の差額も含みます。

これは、４～６月の期間であれば、前年度の出納整理期間内発行と当年度の前倒し発行分の調整によって、年度を跨いだ国債発行額の調整が可能ということです。これによって補正予算編成時に調整を行い、余裕があれば、この調整額によって新規の国債増発を避けるといった事例もありました。

3 **出納整理期間発行**／翌年度の４～６月に特例国債や復興債の一部を発行する仕組み。

この前倒し発行分は、何かしらのアクシデントで一時的に国債が発行できないときや、国債の増発を抑えたいときのいわゆるバッファーのような役割も持っているのです。

60年償還ルールの延長論

政府は60年償還ルールに基づいて、毎年度の予算でおよそ60分の1を返済し、残り60分の59は借換債が発行されます。2023年度の予算案では、このうち年度の返済額が16兆7561億円にのぼりました。

これについて、自民党内などから60年という返済期間を延ばすことで、毎年度ごとの返済額を減らしてはどうかという意見が出ていました。

たとえば償還期間を20年延長して80年とすれば、年度当たりの返済額は60分の1から80分の1に減ります。2023年度を例に取れば、必要な予算は約12兆円に減り、約16兆円と比べおよそ4兆円の資金が捻出できるかに見えます。その分を、防衛費などの必要な予算の財源に充ててはどうかとの意見です。

ただし、返済する額が4兆円減るということは、その分の借換債が増額されるということです。利子の支払いも余計に増えるため、財政は一段と悪化することになりかねず、あまり意味をなさない議論のように思えます。

「60年償還ルールそのものを廃止してはどうか」との意見もありますが、これはこれでハードルそのものが高いうえ、財政規律[4]を損なうものとなりかねません。

1 建設国債と赤字国債は60年かけて償還される

2 60年償還ルールによって発行されるのが借換債

3 借換債は年度を越えて前年度に前倒しして発行ができる

4 **財政規律**／財政運営の健全性を保つため、歳出と歳入の均衡を図ること。

15

財投債の返済義務は独立行政法人にある

財政投融資改革により、資金を必要とする財投機関は、市場から新たに資金を調達しなければならなくなりました。このために発行されるもののひとつが財投債（財政投融資特別会計国債）です。

財政投融資改革

2001年度から特別会計に関する法律（第62条第1項）を発行根拠法とした財投債（財政投融資特別会計国債）と呼ばれる国債が新たに発行されています。まずは、財投債が発行されるまでの経緯を解説します。

2001年以前、郵便貯金や簡易保険、年金積立金で集められた資金は、大蔵省（現財務省）の資金運用部に集められ、運用されていました。資金運用部は、この資金を旧住宅金融公庫・旧国民生活金融公庫をはじめとする公的金融機関や、旧日本道路公団などの公共事業実施機関、国の特別会計、地方自治体などに貸し出していたのです。この制度のことを財政投融資制度と呼びます。

2001年4月、財政投融資改革[1]（財投改革）によって、大蔵省の資金運用部が廃止され、それに伴い資産運用部に預託する義務も廃止されました。郵便貯金や簡易保険で集められた資金は郵政事業庁（のちに、郵政公社を経由してゆうちょ銀行・かんぽ生命）、公的年金は厚生労働省の年金資金運用基金（のちに、年金積立金管理運用独立行政法人）が、それぞれ独自で運用することとなったのです。

1 **財政投融資改革**／2001年度に行われた、財政投融資の資金調達のあり方を、郵便貯金、年金積立金の全額義務預託から、財投債（国債）の発行中心に大転換することなどを柱とした、財政投融資のあり方の抜本的な見直し。

財政投融資制度は、社会資本整備などにより日本経済の発展に一定の貢献を果たしてきたといわれています。しかし、その規模が大きく膨らみ、特殊法人などの事業の肥大化を招いたとの批判が出てきました。予算のチェックをあまり受けることなく、資金運用部から自動的に巨額の資金が特殊法人に流入されていたとみなされていたのです。

自主的な資金調達を行う必要がないため、市場のチェックを受けることがなく、特殊法人の経営そのものが不透明との指摘もありました。これらの点を踏まえて市場のチェックを受け、特殊法人などの改革・効率化にも寄与するために行われたのが財政投融資改革です。

財投債の発行根拠法

財政投融資改革により、資金を必要とする財投機関は、市場から新たに資金を調達しなければならなくなりました。

財投機関とは財政投融資を活用している機関で、日本政策投資銀行、日本政策金融公庫などの政策金融機関、住宅金融支援機構、日本学生支援機構などの独立行政法人[2]などのことです。

財投機関の資金調達のために発行される債券には次の種類があります。

財投機関債

独力で資金調達できる法人が発行する政府保証がつかない債券

政府保証債

独力では資金調達することが困難な法人が、財務省の厳正なる審査を受けたうえで政府保証が付与され発行する債券

財投債（財政投融資特別会計国債）

財投機関債、政府保証債のいずれでも資金調達が困難な場合に、

2 **独立行政法人**／公共性の高い事務・事業のうち国が直接実施する必要はないが、民間の主体に委ねると実施されないおそれのあるものを実施する法人。

財務省が発行する国債。そこで調達した資金を財投機関に融資します

つまり財投機関の資金調達のために発行される債券のうちの一種が、財投債とも呼ばれている国債なのです。

財投債の償還や利払いは、資金を貸し付けている財投機関が支払い義務を負っていることから、将来の収入を償還財源とする建設国債・特例国債とは異なる性質を持っています。つまり将来の税収で返済されるのではなく、独立行政法人などが返済義務を負うことになります。このため普通国債残高（建設国債、特例国債、復興債の残高）と財投債残高は区分して示されています。

普通国債の返済と財投債の返済

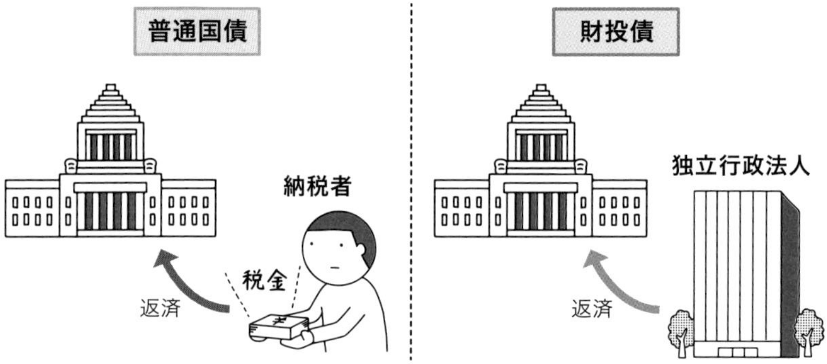

普通国債は納税者が納めた税金で返済します。
他方、財投債は独立行政法人が返済します。

1 財投改革の影響で発行されることになった国債が財投債

2 財投債は財投機関の資金調達のため発行される債券の一種

3 財投債は将来の税収が償還財源ではない

第2章

国債の理解に必要な債券知識

2-1

国債を理解するために債券について知ろう

国債を理解するには、債券とは何かを
知ることが必要です。
よくたとえに使われるのが「借用証書」という言葉です。

時間的な価値が組み込まれたお札

国債は債券の一種です。そのため、国債を理解するためには、「債券とは何か」を知ることが重要です。

債券とは、国や地方公共団体、企業、または外国の政府や企業などが一時的に、広く一般の投資家からまとまった資金を調達することを目的として発行する借用証書のようなものです。その意味では、債券は発行する側、資金を調達する側からすれば債務、つまり借金となります。

これに対して、債券を購入する側は、融資のようにお金を貸してあげるといった感覚で債券を購入しているわけではありません。あくまで資金の運用手段のひとつ、金融商品として債券を認識しています。

債券を購入する投資家が目安としているもののひとつが、利回りです。投資家が債券投資を行うのは、金利つまり利息収入を得るためでもあります。

債券は借金でもあり運用手段でもある

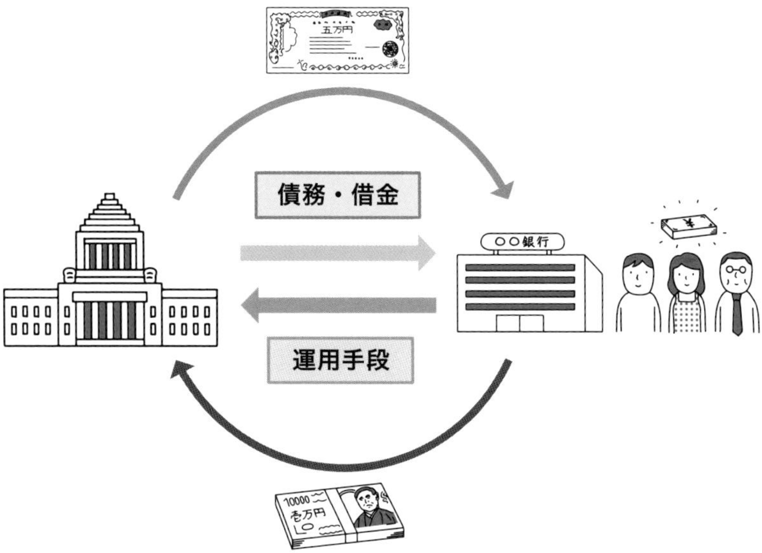

債券は別の見方をすると、お札の延長にあるものです。そこに時間的な価値が組み込まれたものとの見方もできます。

お札はそのままでは価値を生まないため、価値を生み出すものに変える必要があります。その価値を生み出すもののひとつが債券です。しかも国債などは国の信用のもとに発行されているため、お札と同様の信用価値があります。

ただし、額面金額が保障される代わりに「満期まで持つ」という時間的な制約が掛かります。その制約の見返りとして、受け取るものが、時間的な価値ともなる「利息、利子」との見方もできます。

このように、債券とは、お札に時間的な価値が組み入れられた金融商品なのです。

ペーパーレス化された有価証券

債券とはもともと紙で印刷された証券でした。証券1枚ごとに額面金額が印刷され、償還時にはその金額が返済されます。債券の紙自体に財産価値があり、このような紙を有価証券と呼んでいます。債券が紙であったことから、それを世に出すことを「債券を発行する」と呼ぶようになりました。

しかし、最近発行されている債券は証書ではなく、ペーパーレスが主流となっています。ペーパーレスとなったことで、国債を誰が購入したのかといった情報は電子上で管理されるようになりました。

国債など債券の発行に関しては、現物の紛失リスクや保管のための費用などが指摘され、ペーパーレス化が求められてきました。ペーパーレス化により券面を印刷するなど余計な経費もかからず、取引にかかる手間や時間が簡素化されます。また、保管や運搬にかかる費用なども削減され、紛失や盗難、偽造といったリスクも軽減されます。

2003年1月から新しい振替決済制度がスタートしました。この制度によって、国債をペーパーレス化し、券面(国債証券)を発行しないことや、購入・売却といった国債の取引が口座への記録によって管理されることなどが法律上明確にされました。

ただし、債券や発行などの用語はそのまま使われている点にも注意が必要です。

1 債券は借用証書のようなもの

2 債券は証書ではなくペーパーレスが主流に

3 債券はお札の延長で時間的な価値が組み込まれたもの

金利があるからこそ金融が機能する

お金を貸したり預けたりする際には金利をもらうことができます。逆に、お金を借りる際には金利を支払わなければなりません。

金利はお金の価値を計るもの

私たちは生活の中で、身近な人と小額のお金や物を貸し借りすることがあります。その際に、金利を求めることは、ほとんどありません。よって、金利という考え方にピンと来ない人も多いのではないでしょうか。

金利を知るためには、まずお金そのものの役割を理解し、そのうえで金利がなぜ必要なのかを考える必要があります。

お金には「交換ができる」「価値を保存できる」「物の価値を計ることができる」などの役割があります。

物を交換するためには、交換比率[1]を決める必要があります。米と魚など、2種類の物の交換取引であれば交換比率はひとつで済みますが、経済活動が発展し交易の範囲が広がれば広がるほど交換する物が多くなり、交換比率の計算も複雑化します。このため取引を簡単にするための価値の基準として登場したのがお金です。

経済の発展に伴って、物との交換取引だけでなく、お金そのものを貸し借りする必要性が出てきました。お金を貸し借りする際に、お金の価値を計るものとして使われたのが金利です。

1 交換比率／商品同士を交換する際の比率。例えば、物々交換をするとして、上着1着が茶葉5kgと交換できる、というような比率。

金融取引に必要となる金利

お金を介した取引、つまり経済活動が広がれば広がるほど、お金が安全に流れる仕組みが必要になります。そのお金を融通し合う仕組みを金融と呼びます。金融のための仕事をしている企業が金融機関です。

直接金融と間接金融の違い

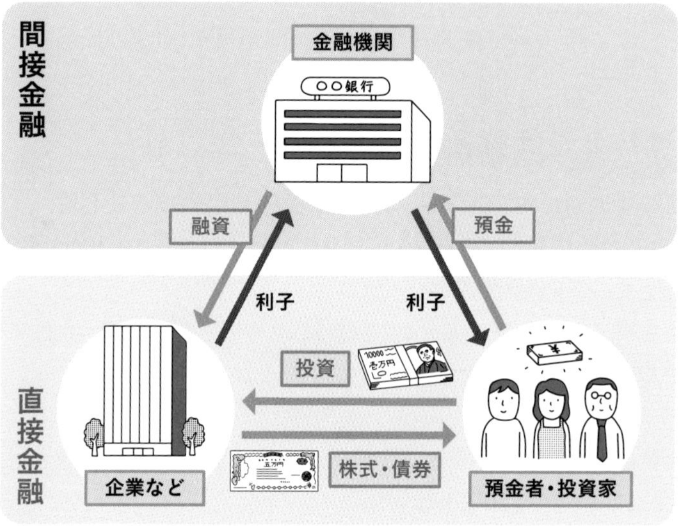

金融機関の代表である銀行は、私たちの預金を集めて、それを元にしてまとまったお金を企業に貸しています（融資）。このように専門業者が間に入ってお金の貸し借りを行う仕組みを間接金融と呼びます。

それに対して、企業などが債券を発行するなどして、投資家から直接まとまった資金を受け取ることができる仕組みが直接金融です。

債券は、株式などとともに「直接金融の大きな柱」としての役割を持っています。

金融の仕組みにおいて、重要な役割を担っているのが金利です。金利は「お金の貸し借りに関わるお金の値段」との見方もあります。

同じ相手同士のお金の貸し借りでも、返済されるまでの期間に応じて金利が異なるため、**金利は「時間の値段」**との見方も存在します。

経済においては、金利という存在が必要不可欠です。**金利によって余剰資金を抱えたところが資金を必要とするところに間接的もしくは直接的にお金を融通する動機づけ（インセンティブ）が生まれてくるためです。**

短期金利と長期金利

金融市場は扱う金融商品の期間に応じて、短期金融市場と長期金融市場の2つに区別されます。

短期金融市場とは、期間1年未満の金融取引が行われる市場で、マネーマーケットとも呼ばれています。

それに対して1年超の金融取引を行っている市場が長期金融市場です。

金利も同様の期間に分けて、一般に期間1年未満の金利のことを短期金利、期間1年超の金利のことを長期金利[2]と呼ぶことがあります。

1 取引を簡単にするための価値基準として生まれたのがお金

2 お金を融通し合うというのが金融

3 金融の仕組みにおいて、重要な役割を担っているのが金利

2 **長期金利**／ただし一般的に長期金利といえば、10年国債の利回りを呼ぶことが多い。

23

債券の種類

国や地方公共団体、企業、または外国の政府や企業などが
債券を発行することで、10年や20年といった
長期間での借入が可能となります。

地方債

地方自治体は予算の定めるところにより、地方債を起こすことができます（地方自治法第230条）。地方債の起債目的、限度額、起債方法、利率、償還方法なども予算で定められます。

ただし、地方財政法第5条によって、起こすことができるのは、建設地方債が原則となっています。基本的に赤字債の発行は禁じられています。しかし、実際は特例法により、一定量の地方赤字債または特例債も発行されています。

地方債に加えて、国債や政府保証債などを、まとめて公共債と呼びます。

政府関係機関債

公庫や公団などの政府関係機関が発行する債券が政府関係機関債[1]です。そのうち、元本および利子の支払いを政府が保証しているのが政府保証債です。政府保証債は、国債と同等の信用力を有するものとして位置付けられています。ただし、その利率は通常、同じ期間の国債より幾分か高くなっていることが多いのです。

1 **政府関係機関債**／独立行政法人などの政府関係機関や日本政策金融公庫などの特殊法人が特別な法律に基づいて発行する債券。

政府保証債の発行については、発行の都度、発行額・発行条件などは主務大臣[2]の認可が必要とされ、さらに主務大臣は認可に際して財務大臣と協議することが定められています。また、その引受先については、政府保証債は銀行の引き受けも認められています（事業債は証券会社の引き受けしか認められていません）。

2001年の財政投融資改革により、政府関係機関は自主的な資金調達をする必要が出てきました。このため、政府保証の付かない政府関係機関の債券が発行されるようになり、財投機関債と呼ばれています。

社債と金融債

社債とは、事業会社が設備投資や運転資金などを調達するために発行する債券です。そのうち確定利息の支払いや満期があるなど、債券の基本的な特徴を持ったものを普通社債と呼びます。

普通社債の満期までの期間はまちまちです。利率も発行会社の信用力や発行時点の金利情勢などによって異なります。

また、利払い方式の違いにより、次のように分られます。

固定利付債……毎年決まった時期に数回利子が支払われる。

割引債……利子の支払いがなく額面以下の価額で発行される。額面金額との差額が、実質的な利子に相当する。

変動利付債……一定の法則に従って支払われる利子が変動する。

社債の仕組みに応じた違いとして、普通社債に対して、劣後債と呼ばれる社債があります。劣後債は、一般の社債よりも債務弁済の順位が劣ります。会社が倒産などした場合、一般の債権者への支払いをすべて終えた後に、支払いが可能であれば、利払いや償還（債務を返済）が行われる債券です。

2 **主務大臣**／ある行政事務を主管する各省の大臣。

国際機関の発行する債券

世界銀行とも呼ばれる国際復興開発銀行（IBRD）の発行する債券は世銀債と呼ばれています。起債により調達した資金は、貧困のない世界の実現を目的として途上国に融資されています。

また、アジア開発銀行（ADB）は、アジア・太平洋地域の開発途上加盟国における、貧困の撲滅や生活の質の向上を目的として設立された国際金融機関です。その資金調達のために債券を発行しており、アジ銀債として親しまれています。

これらの国際機関は、主要先進国と同レベルの信用力が認められています。発行する債券は、ドル建て、円建て、ユーロ建てなどにかかわらず最高格付け[3]を得ており、信用力も高い債券となっています。

ただし、円建て以外の債券は為替の変動リスクがかかるため、日本人がドル建てで購入すると、買い付け時と償還時のドル円の相場によって損失などが発生するリスクがあります。

1 地方自治体が発行するのが地方債

2 政府関係機関が発行するのが政府関係機関債

3 企業が発行するのが社債

3 **最高格付け**／格付け会社による格付けの最上位。最も信用度が高い。

2-4

債券の3要素、償還期間、額面、そして利率

債券の商品性を理解するうえで
ポイントとなるのが償還期間、額面そして利率の
3つの要素です。

償還期間

債券を発行する側から見て、「資金をいつまで借り入れるのか」を示しているのが償還期間（満期）です。債券の購入者から見れば、資金をどの程度の間、運用できるのか、という期間を示しています。

債券は発行時に満期日がいつかが明示されています。満期日とは元本が戻ってくる日のことです。満期日は償還日とも呼ばれます。

債券は、発行日から償還日までの期間（償還期間）に応じて、○年債といった呼び方をされています。たとえば、償還期間が10年の債券は10年債となります。償還期間は、1年、2年、5年、10年、20年、30年、40年などのようにきりのよい年数で区切られています。

すでに発行された債券（既発債）は、発行から時間がたつほど償還日までの期間が短くなります。既発債の購入日（資金と債券の受渡日）から償還日までの期間を残存期間と呼びます。

残存期間があと5年の10年債と、発行されたばかりの5年債は、償還日が同日と仮定すると、利回りはほぼ同水準になります（ただし利率の違いなどで若干異なることもありえます）。

額面

かつて紙であった頃の債券の券面には、満期に戻ってくる金額が表記されており、それを額面全額と読んでいました。しかし、現在では券面そのものが発行されないペーパーレスが主流となっているため、額面金額とは当初に取り決められた償還時の金額自体を指すことになります。

利率

利率とは、額面金額に対する年当たりの利子の割合です。あらかじめ決められた利率の金額が、半年もしくは1年ごとに支払われます。

このように定期的に利子が付いてくる債券を利付債と呼びます。

昔、債券が紙の頃、その券面に支払われる利子がクーポンというかたちで付いていました。そのクーポンを切り取って利子を受け取っていたのです。そのため、いまでも利子のことをクーポンと呼ぶ人がいます。

基本的には、利率はあらかじめ決まっているものですが、利息支払い時の金利動向によって利率が変わる変動利付債もあります。

他にも額面金額から利息相当分が割り引いて発行される割引債は額面よりも低い金額で発行され、償還日に額面金額が支払われます。これは、利子（クーポン）が付いていないのでゼロクーポン債とも呼ばれます。

債券価格の単位

債券は有価証券であり、債券価格（時価）が存在します。日本の債券市場では慣行として、債券価格を表示するときには100円を基準としています。たとえば、99円50銭とか101円35銭といった表記となります。

通常は、このように円と銭で表示されますが、101円35銭9厘のように厘を使うこともあります。

額面金額が100万円であれ、1億円であれ、償還時に戻る額面金額を100円に置き換えて、債券価格（単価）を示しています。

債券価格が99円であれば額面金額から下落していることとなり、101円であれば額面金額を上回って上昇していることになります。

たとえば、額面金額100万円の債券を債券価格99円で購入する場合は、99万円が必要になります。それが、償還時には額面金額の100万円で戻ってくるため、1万円の利益となります。

1 資金をどの程度の間、運用できるのかが償還期間

2 利率とは、額面金額に対する年当たりの利子の割合

3 債券価格を表示するときには100円が基準

債券の発行と格付け会社の役割

債券を新たに発行するところが発行市場です。
社債の発行には格付けが重要な要素となっています。
国債の格付けも行われています。

債券を新たに発行するところは発行市場と呼ばれます。そして新規で発行される債券は新発債と呼ばれ、債券を発行することを起債するともいいます。

債券の発行には公募方式と私募（非公募）方式があります。

公募方式が広く一般の投資家を対象に発行を行う方式であるのに対し、私募方式は特定少数の投資家のみを対象に発行される方式です。

公募方式による債券の発行は、大きく募集発行、入札発行、売出発行の3つの発行形式に分けられます。

◎募集発行

あらかじめ発行者が発行総額や利率、発行価格、発行日、募集期間などの発行条件を決めておいて、投資家を募集する方法です。債券を購入する投資家は募集期間内に応募します。一般的な債券の発行方式です。

◎入札発行

発行者があらかじめ発行総額を決めておき、入札によって発行する価格などを決定する方式です。現在、国債の発行のほとんどは、この入札形式によって発行されています。

◎売出発行

債券の発行総額をあらかじめ決めずに、期間中に応募された金額を発行総額とする方法です。個人向け国債などがこの方式となっています。

引受募集と引受シンジケート団

発行者が金融機関（引受会社）に募集を委託し、応募額が募集総額に達しない場合にその残額を引き受けさせる方式を引受募集と呼びます。

売れ残りが生じた際には引受会社が自ら引き取らなければならず、それによって発行予定総額の全額の発行が保証されることになります。

公共債のような大きな発行額の際には、1社だけで引き受けることはリスク負担が大きくなってしまいます。このため数社が集まって共同で引受を行うことが多く、この集まりのことを引受シンジケート団と呼んでいます。

格付け会社の役割

格付けとは、債券などの元本や利息が、約定（約束）通りに支払われるかどうかの確実性を、専門的な第三者である格付け会社が評価して、段階的に表示したものです。

代表的な格付会社としては海外ではムーディーズ・インベスターズ・サービス、S＆Pグローバル・レーティング、フィッチ・レーティングスなどがあります。国内では格付投資情報センター（R&I）、日本格付研究所（JCR）などがあります。

格付け会社は社債の格付けのほかに、独自で国債の格付けを実施しています。日本では1998年11月に米国の格付け会社のムーディーズ・

インベスターズが日本国債を最上級のＡａａ（トリプルA）からＡａ1（ダブルA1）に引き下げたことが大きな話題を呼びました。

各国国債の格付け一覧表

AAA	アメリカ合衆国、英国、オーストラリア連邦、オランダ王国、シンガポール共和国、スイス連邦、スウェーデン王国、デンマーク王国、ドイツ連邦共和国、ノルウェー王国、フィンランド共和国、フランス共和国	BBB+	イタリア共和国、インドネシア共和国、ウルグアイ東方共和国、クロアチア共和国、ハンガリー、フィリピン共和国、メキシコ合衆国
AA+	日本、ベルギー王国、香港	BBB	インド、コロンビア共和国、ポルトガル共和国
AA	アラブ首長国連邦、台湾、ミクロネシア連邦	BBB-	ブラジル連邦共和国
AA-	アイルランド、大韓民国、チェコ共和国、中華人民共和国	BB+	ギリシャ共和国、ベトナム社会主義共和国、南アフリカ共和国
A+	スロバキア共和国、マレーシア	BB-	トルコ共和国
A	スペイン王国、スロベニア共和国、ポーランド共和国、ラトビア共和国	B	チュニジア共和国
A-	タイ王国	(CCC)	ウクライナ

格付けは会社によって異なるので上記はあくまで一例です。データ出典：格付投資情報センター

ただし、格付会社が日本国債を格下げしたことによる国債価格への影響は、これまで限定的となっていました。日本国債のほとんどが国内資金で賄われており、国内投資家が国内金融商品で最も安全な資産とされる日本国債を、格下げを理由にして売ることはしなかったためです。

しかし、格付け会社の日本国債の格下げはひとつの警鐘でもあり、日本の政府のみならず国民に強く財政危機を意識させたことも確かです。

1 債券を新たに発行する場が発行市場

2 国債の発行は主に入札発行

3 格付け会社は独自で国の格付けを実施

債券理解の第一歩であり、最初の難関

26 債券価格と利回りが反対に動く理由

債券価格が上昇すれば利回りは下がり、
債券価格が下降すれば利回りは上がります。
その理由を知ることは債券を理解するための第一歩となります。

インカムゲインとキャピタルゲイン

投資家にとって、債券を購入する最大の目的が資金運用です。したがって最も重視される要素が安全性と利益になります。

債券には2つの利益の可能性があります。

ひとつは債券の利息による利益、いわゆるインカムゲインです。

もうひとつは債券の売買もしくは償還で生じる差益、いわゆるキャピタルゲインです。

ただし、差益ではなく差損が発生する可能性があり、これはキャピタルロスと呼ばれます。

投資家が債券取引から得られる収益は、インカムゲインとキャピタルゲイン（もしくはキャピタルロス）の両方を合わせたものになります。

得られる収益を年当たりに計算し直したものを利回り（イールド）と呼んでいます。

利回りで売買される債券

国債など現物[1]の債券は、価格よりも利回りで売買されることが多くなっています。債券は10年370回債を0.415%で10億円買いといったように、利回りを基準にして売り買いします。それに対し、債券先物は決済日が統一されており、常に利回りと価格が一致しているので、価格で売買されます。

現物は今日と明日では決済日が1日異なるため（残存期間が減る）、同じ利回りでも価格が違ってきます。

債券は残存期間や利率によって価格が異なるため、割安割高を比較するのに利回りを使うと便利なのです。

10年国債などの取引は主に利回りでされますが、その際の刻み幅は主に0.005%が基準となっています。この0.005%を「5糸（し）」、そして0.01%を「1毛（もう）」と呼びます。

債券価格と利回りが反対に動く理由

債券価格が上昇すれば利回りは下がり、債券価格が下降すれば利回りは上がります。その理由を知ることは、債券を理解するための第一歩となるとともに、最初の難関となるところでもあります。

利回りと債券価格の関係はなかなか説明しづらいものでもありますが、簡単な例を出してみます。まずは、債券価格を求める式を見てみましょう。

1 現物／現物債のこと。先物に対する現物債との意味合い。

債券価格と利回りの関係

$$\text{利回り}(\%)=\frac{\text{表面利率}+\dfrac{\text{額面価格}\,100-\text{債券価格}}{\text{残存期間}(\text{年})}}{\text{債券価格}}\times 100$$

$$\text{債券価格}=\frac{\text{表面利率}\times\text{残存期間}+\text{額面価格}\,100}{100+\text{利回り}\times\text{残存期間}}\times 100$$

たとえば残存期間10年、額面価格100円、表面利率1.5%の国債があり、半年ごとに0.75円ずつ（年1.5円）の利息が支払われるとします（計算を簡単にするため非課税と仮定）。

この国債の価格が、額面金額と同じ100円だった場合、年当たりの「利回り」は、表面利率と同じ1.5%となります。

$$\frac{1.5\text{円}}{100\text{円}}=1.5\%$$

残存期間10年、額面金額100円、表面利率1.5%

●債券価格 90 円で購入

$$\frac{1.5\text{円}+\dfrac{100\text{円}-90\text{円}}{10\text{年}}}{90\text{円}}\times 100=\underline{2.77\%}$$

価格が下がって
利回りはアップ

●債券価格 110 円で購入

$$\frac{1.5\text{円} + \dfrac{100\text{円} - \boxed{110\text{円}}}{10\text{年}}}{\boxed{110\text{円}}} \times 100 = \underline{0.45\%}$$

価格が上がって
利回りはダウン

ところが、もしこの国債の価格が90円だった場合、100円－90円＝10円が償還差益となるため、年当たりの差益は10円÷10年＝1円となります。

この1円を年あたりの利息の1.5円と合算した収益は2.5円となります。この2.5円を債券価格90円で割ると、この国債の利回り（2.77%）が出ます。

では、国債の価格が110円だったらどうなるでしょうか。今度は反対に1年当たり1円の差損となります。利息と合算すると収益は0.5円。これを債券価格110円で割って出した0.45%が、この国債の利回りです。

つまり同じ利率1.5%の債券でも、価格が90円のとき利回りは2.77%であり、100円のとき利回りは1.5%、そして110円のとき利回りは0.45%となるわけです。

ここから債券価格が高くなると利回りが低下し、債券価格が安くなると利回りが上昇する仕組みがわかると思います。

利回りは債券の尺度

今度は、利回りをベースに考えてみましょう。

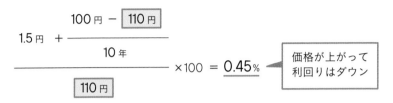

長期金利（10年国債の利回り）が何らかの理由で1.5%から2.8%あたり

に急上昇したとします。上昇する前に発行された10年債は、年1.5%の利息しかもらえません。しかし、新たに発行される10年債の利率は長期金利の上昇を受けて、2.8%程度に引き上げられることになります。
利率1.5%の国債を買うよりも、利率2.8%の新発債を買ったほうがインカムゲインは高くなります。したがって、利率1.5%の国債の人気は落ち、この債券の価格は下がります。

ところが、計算上はある一定水準(90円近辺)になると下げ止まります。償還差益で利率の差が埋まるため、利回りで比較すると収益性がほぼ変わらなくなるからです。

では反対に、10年国債の債券価格が上昇して利回りが1.5%から0.45%あたりまで急低下したとしましょう。新たに発行される10年債の利率は0.5%となります。したがって、金利が急低下する前に発行された利率1.5%の10年債の人気が上がり、価格も上がります。

それでもこの利率1.5%の国債の価格は110円あたりで落ち着きます。利回りベースで同じ水準となる価格まで上昇するためです。

1 債券にはインカムゲインとキャピタルゲインがある

2 債券は主に利回りで売買される

3 債券の利回りと価格は反対に動く

本来、債券市場のベンチマークとなる

27

イールドカーブとは何か

日銀のイールードカーブ・コントロールによって、
イールドカーブという言葉をよく見るようになりましたが、
これも債券市場での専門用語のひとつです。

国債には政府短期証券（償還期限が1年以内の割引債）から40年債まで、さまざまな償還期間の国債があり、それぞれに利回りが存在します。

それらの利回りを計算して、横軸を償還期間、縦軸を複利利回りで結んだ曲線を「イールドカーブ」と呼びます。日本語では利回り曲線とも呼ばれます。海外などでは複利[1]ベースで見ることが多いのですが、日本では単利[2]を使うことが多いようです。

イールドカーブのイメージ

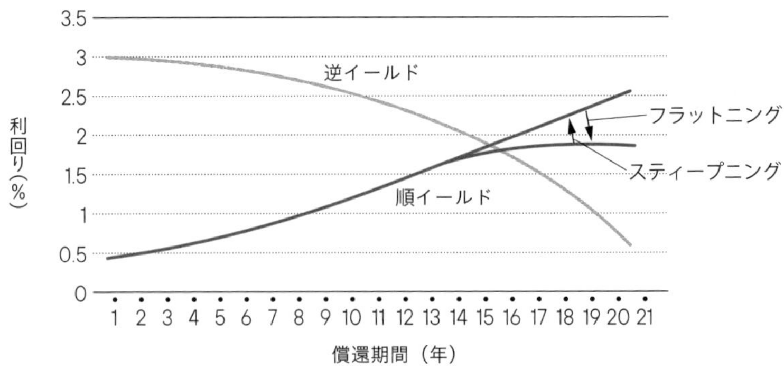

1 **複利**／元本から得られる利子も元本に加えて利子を計算する方法。

2 **単利**／元本に対してのみ利子を計算する方法。

本来であれば、このイールドカーブからは債券市場参加者の金利観が見えてきます。

債券は償還期間が長いほど、予想外の事態が発生するといったリスクが高くなります。このため、償還期間が長い債券には、それだけ利回りにプレミアムが付いていると考えられています。このため、イールドカーブは右肩上がりを描くのが普通です。

これに対して、物価が急上昇し、中央銀行が数度の利上げを行うことによって政策金利を大きく引き上げた場合には、政策金利に連動する短期金利が大きく上昇します。しかし、利上げによる景気への悪化などが意識され、将来は利下げに転じる可能性もあると市場参加者が予想すると、長い期間の利回りは短い期間の利回りほど上昇しないケースもあります。これが逆イールドと呼ばれるものです。

このようにイールドカーブは景気や物価の動向、中央銀行の金融政策のゆくえ、さらに市場参加者の今後の金利の予想などを通じて形状が変化します。

債券のイールドカーブがどのようにして決まるのかを説明する代表的な仮説が3つあります。純粋期待仮説、流動性プレミアム仮説、市場分断仮説です。

純粋期待仮説

現在の金利の基幹構造は、将来の金利の期待値（予測値）によって決定されるという考え方です。たとえば、右肩上がりのイールドカーブは、市場参加者が「将来、金利が上昇する」と予測していることを示します。

流動性プレミアム仮説

期間の長い債券ほど価格変動リスクが大きいため、他の条件が同じであれば、その分だけ長期金利は短期金利に比べてプレミアムが付き、高くなるという説です。

市場分断仮説

債券市場は市場参加者、この場合は主に投資家の投資する資金の性格によって、買い付ける債券の期間がある程度決定されるため、イールドカーブは投資家の需給関係で決まるという理論です。

いずれの理論もイールドカーブを形成している要因となっていると思われます。ただし、日銀のイールドカーブコントロールが行われている際は、日銀が利回りを決めており、中央銀行決定仮説（?）も加える必要がありそうです。

逆イールドのケースとしては2023年に米国で2年債の利回りが10年債利回りを大きく上回るという逆転現象が発生していました。

金融政策とイールドカーブの形状

米国では2022年3月から逆イールドが発生しました。FRBが利上げに転じ、短期金利が上昇したものの、利上げによる景気減速への懸念が意識され、長期金利の上昇が鈍かったのです。

このように中央銀行の金融政策がイールドカーブの形状に大きく影響してくることがあります。イールドカーブ上の一番左側にある最も残存期間の短い国債の利回りは、中央銀行の政策金利に近いです。そして、長期金利は、物価や経済動向を見ながら、中央銀行が短期金利をどういった水準に持っていくのかを予想して形成されます。

しかし、2016年9月に日銀が導入したイールドカーブ・コントロールは、本来市場で形成されるべき長期金利を日銀がコントロールしようとする、

3 **公定歩合**／日銀が民間銀行に貸し出しを行うときの基準金利。昔の政策金利。

ある意味、無謀な政策です。市場参加者の思惑など関係なくイールドカーブを形成させてしまおうという政策なのです（コントロールの手法など詳細は152ページ）。

本来、債券投資家は、イールドカーブの形状を見ながら売買をしていました。何らかの要因でイールドカーブがゆがんだところを見つけて、割高なものから割安のものに入れ替えるといったことが行われていました。その指標性をなくしてしまったものが、日銀のイールドカーブ・コントロールだともいえるわけです。

イールドカーブを基に国債の利回りを探る

債券の価格を調べるのにも、イールドカーブは重要なツールです。

国債は債券市場の中で最も頻繁に取引されています。しかし、すべての国債が毎日売買されているわけではありません。

残存期間2年以上の国債の中で、頻繁に売買されているのが、直近に入札された2年、5年、10年、20年、30年、40年の国債で、これらはカレント物と呼ばれます。

それでは、それぞれの国債の銘柄別の利回りはどのように算出しているのでしょうか。

毎営業日の15時を基準に指定金融機関は国債の銘柄別の利回りを報告し、それを日本証券業協会が取りまとめて、国債の評価の基準となる数字を出しています。日本相互証券も独自に算出しています。

国債の評価という意味では、この日本証券業協会や日本相互証券のデータを基準にすることができます。これを基に、たとえば生命保険会社など機関投資家は、保有する国債の時価評価額を算出しています。

銘柄別の利回りを大手金融機関が算出する際には、イールドカーブを用いています。
2年、5年、10年、20年、30年、40年の直近発行された新発国債は流動性が高いことで日本相互証券などでも売買が成立しています。その利回りを基にしてイールドカーブを描くことで、たとえば残存15年の国債の利回りの居所がどのあたりかを探ることができるのです。

しかし、日銀がイールドカーブコントロールを行い、それを貫くために10年カレントを発行額以上買い上げるという異常ともいえる政策を行ったことによって、カーブがいびつとなってしまい、このような債券市場の利回り発見機能を一時的ながらも喪失させました。

国債以外の日本国内の債券は、国債の利回りを土台に、そこから債券発行体の信用リスクに応じて金利が上乗せされ、利回りが決定されます。
しかし、日銀の長期金利コントロールによって本来の10年国債利回りがわからなくなり、ベンチマークとなる水準が想定できず、社債の発行などにも悪影響を及ぼしていました。社債などは、上乗せ金利[4]を算出し、これを基に取引をしていることも多かったのです。
国債以外の債券は残存期間、利率に加えて、発行体の信用リスクや流動性リスクによっても利回りが変化するのですが、国債のベンチマークとしての機能がなくなると、これも算出が困難となってしまいます。

1 横軸を償還期間、縦軸を利回りで結んだのがイールドカーブ

2 イールドカーブからは本来は債券市場参加者の金利観が見える

3 日銀によるイールドカーブ・コントロールにより債券市場の機能が喪失した

4 **上乗せ金利**／国債などの利回りと社債の利回りの差。

第 3 章

国債発行の仕組み

歳出が歳入を上回る分をカバーする

3-1 政府の予算編成と国債との関わり

歳出を税収などの歳入で賄えきれない際に、
それを補うために発行されるのが
新規国債（建設国債と赤字国債を合わせたもの）となります。

予算編成と国債発行額

新規国債と呼ばれる建設国債と赤字国債の発行額は、政府の収入と出費、つまり歳出と歳入が決まると算出されます。歳出を税収などの歳入で賄えきれない際に、それを補うために発行されるのが新規国債です。現在では多額の新規国債の発行が当たり前のように行われていますが、本来は財政法の第４条にあるように「国の歳出は、公債または借入金以外の歳入をもって、その財源としなければならない」ものなのです。

借換債は60年償還ルールにより発行されるもので、その金額も自動的に算出されます。借換債はもともと建設国債と赤字国債です。よって、国債の残存額などの統計上の扱いも、建設国債と赤字国債になります。

財投債については財投計画に応じて発行額が決定されます。

このように、国の予算編成に応じて、それぞれの国債の発行額が決定されるのです。

予算編成の流れ

それでは、政府の予算編成の過程でどのようにして、それぞれの国債の発行額が調整されるのかを見てみましょう。

毎年8月頃、財務省がそれぞれの省庁に対して、来年度予算としてどの程度のお金が必要かを聞くところから予算編成が始まります。これが「概算要求」と呼ばれるものです。

概算要求の前に財務省から概算要求基準（シーリング）が設定されます。シーリングとは天井のことですが、2014年度予算以降では歳出全体の上限は設定されていません。

ここから実際の予算案の編成に向けて調整が行われます。

12月20日頃、財務省は翌年度予算の原案を各省庁に内示します。そして、閣僚らの復活折衝[1]を経て、政府の予算案が24日頃に閣議決定されます。

閣議決定のタイミングで翌年度の国債発行計画が発表されます。

1 国債は国の予算編成によって発行額が決定される

2 歳出を税収などの歳入で賄えきれない際に新規国債は発行される

3 次年度予算の閣議決定のタイミングで、国債発行計画も発表

1 **復活折衝**／財務省の予算案で認められなかった項目を復活させるために協議すること。

消化方式別発行額

政府の債務面を意識した発行形式が国債の
発行根拠法別発行額となり、金融商品として意識された
国債の発行形式が消化方式別発行額ということになります。

カレンダーベースの市中発行額

国債は国が発行し、利子および元本の支払い(償還)を行う債券です。短期国債を除き、利子は半年に1回支払われ、満期時に元金額(元本)が償還されます。国債発行予定額のうち、発行根拠法別発行額とは別に、消化方式別発行額が発表されています。

国債の3つの機能のうち、政府の債務面を意識した発行形式が発行根拠法別発行額で、金融商品として意識された発行形式が消化方式別発行額です。

発行根拠法別発行額は財務省が個別に管理しています。それに対し、消化方式別発行額は入札で発行されます。

消化方式別発行額は、短期国債(6か月、1年)、中期国債(2年、5年)、長期国債(10年)、超長期国債(20年、30年、40年)、物価連動国債(10年)、個人向け国債(固定3年、固定5年、変動10年)に大別されます。

このうち短期国債はすべて割引国債となります。割引国債とは、途中での利子は支払われず、満期時に額面金額で償還される国債です。

中期国債、長期国債、超長期国債および個人向け国債(固定3年、固定5年)は、固定利付国債です。固定利付国債とは、満期までの半

年ごとに、発行時にあらかじめ決められた利率で計算された利子が支払われ、満期時に額面金額で元本が償還される国債です。

物価連動国債は利率が固定されています。しかし、元金額は全国消費者物価指数（生鮮食料品を除く）に連動して増減し、併せて利子も増減する国債です。

物価連動国債は元本保証が設定されています。また、個人向け国債（変動10年）は、一定のルールに基づき、適用される利率が変動する国債となっています。

債券市場関係者が最も注目する数字がカレンダーベースの市中消化額となります。カレンダーベース市中発行額とは、あらかじめ定期的に額を決めた入札により発行する国債の4月から翌年3月までの発行予定額の総額です。

カレンダーベース市中発行額のうちの流動性供給入札とは、構造的に流動性（売買のしやすさ）が不足している銘柄や、需要の高まりなどにより一時的に流動性が不足している銘柄を追加発行することで、国債市場の流動性の維持および向上させることを目的として、2006年4月に開始されたものです。

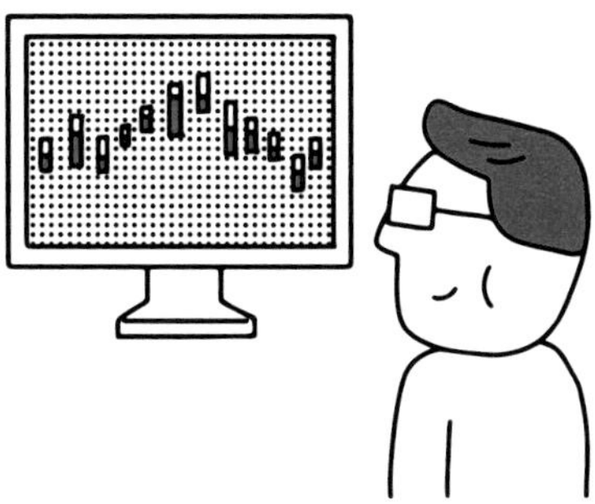

1 政府の債務面を意識した発行形式が国債の発行根拠法別発行額

2 金融商品として意識された国債の発行形式が消化方式別発行額

3 債券市場関係者はカレンダーベースの市中消化額に注目

個人間でしか譲渡はできない

33 個人向け国債の取り扱い

消化方式別発行額には、個人向け販売予定分というものがあります。個人向け販売分の内訳としては、個人向け国債と新型窓販などの窓販分となります。

2003年3月10日、日本で初めて個人向け専用の国債が発行されました。既存の国債とは異なり、個人間以外の譲渡はできないのが特徴です。

また、これまで発行された国債の最低額面金額が5万円であるのに対し、個人向け国債の最低額面金額は1万円で、そこから1万円単位で購入ができます。

個人向け国債の発行額の推移

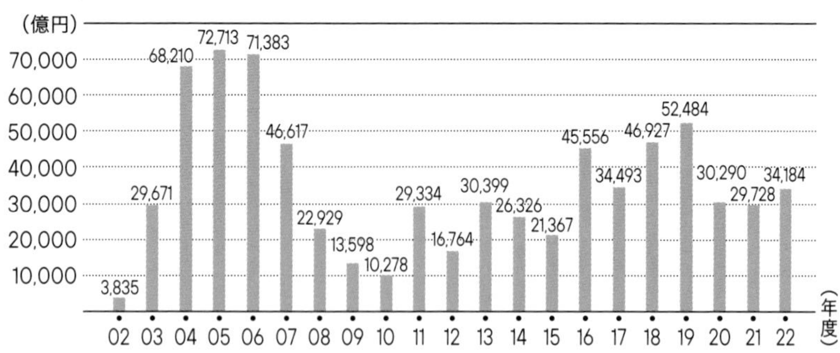

データ出所：財務省

個人向け国債には「変動金利タイプの10年債」「固定金利タイプの5年債」「固定金利タイプの3年債」の3種類があります。5年債と3年債は償還までの利率が固定されています。

このうち変動金利タイプの10年債は四半期ごとに発行されます。

利率は半年ごとに実勢金利に応じて支払われます。

変動10年の各利払期における適用利率（年率）は、基準金利に0.66を掛けた値（0.01%刻み）です。

固定5年は基準金利から0.05%を差し引いた値（0.01%刻み）です。

固定3年は基準金利から0.03%を差し引いた値（0.01%刻み）です。

ただし、それぞれ最低保証利率[1]の0.05%が設定されているため、これ以下にはなりません。

個人向け国債の商品性の比較

商品名	変動金利型10年満期「変動10年」	固定金利型5年満期「固定5年」	固定金利型3年満期「固定3年」
特徴	実勢金利に応じて半年ごとに適用利率が変わるため、受取利子が増えることもある。	満期まで利率が変わらないので、発行した時点で投資結果を知ることができる。	
満期	10年	5年	3年
金利タイプ	基準金利×0.66	基準金利－0.05%	基準金利－0.03%
金利の下限	0.05%（年率）		
利子の受け取り	半年ごとに年2回		
購入単価（販売価格）	最低1万円から1万円単位（額面金額100円につき100円）		
償還金額	額面金額100円につき100円（中途換金時も同じ）		
中途換金	発行後1年経過すれば、いつでも中途換金が可能。直前2回分の各利子（税引前）相当額×0.79685が差し引かれる		
発行月（発行頻度）	毎月（年12回）		

参照：財務省HP

この3種類はすべて発行から1年経過すれば途中換金が可能です。一定期間の利子相当額が差し引かれますが、元金額で政府が買い取ってくれます。これがかなり重要なポイントです。つまり価格変動リスクと流動性リスクがないという極めて特殊な債券なのです。

ただし、この利点がある代わりに「1年間は途中換金ができない」「通常

1 **最低保証利率**／利率の下限。

の国債と比較して金利が低く抑えられる」といったデメリットもあります。
個人向け国債の発行額は、あくまで個人投資家の需要に応じたものとなります。金融機関に一定の販売額が押し付けられているものではないため、販売状況次第では予定額[2]から乖離（かいり）する可能性があります。国は募集取扱額に応じて、取扱機関に手数料を支払います。

たとえば今後、日本の10年国債の利回りが上昇に転じると予想するのであれば、変動金利タイプの10年債などはたいへん有利な商品となります。しかも、元本保証[3]です。価格変動リスクも流動性リスクもないので、個人の投資先として考慮するに値あるものと考えられます。

新型窓口販売方式

新型窓口販売方式とは、期間が2年、5年、10年の固定金利型の国債です。一般の方に向けて、毎月募集・発行されます。
すべて固定金利型なので、発行時に決定された利率は、償還時まで変わりません。半年ごとに決まった利子が支払われ、額面金額で償還されます。購入最低額面は5万円で、そこから5万円単位での購入となります。
新窓販国債は毎月購入が可能です。新窓販国債は一定期間の中途換金が制限される個人向け国債と異なり、発行後いつでも市場価格での売却が可能です。ただし、個人向け国債のように元金額で政府が買い取る仕組みにはなっていません。また最低金利保証もありません。

1 個人向け国債は個人専用の国債

2 元本保証。価格変動リスクも流動性リスクもない

3 最低保証利率が設けられている

2 **予定額**／国債発行計画に記載されていた個人向け国債の発行予定額。

3 **元本保証**／投資した金額が減少せず戻ってくること。

国債市場特別参加者制度

欧米で広く採用されているプライマリー・ディーラー制度（政府公認の国債取引業者）の仕組みを取り入れて、省令に基づく正式な制度としたのが国債市場特別参加者制度です。

国債市場特別参加者制度は日本版プライマリー・ディーラー制度です。

プライマリー・ディーラー制度とは、指定を受けた証券会社や銀行に対し、一定の規模の国債の入札や落札、市場の状況などの報告が義務付けられる代わりに、一定の優遇措置が認められる制度です。

プライマリー・ディーラー（primary dealer）やプライマリー市場のプライマリーとは、新規に発行されることを示します。つまり、プライマリー市場は発行市場を意味します。これに対してすでに発行されたものを売買するのがセカンダリー市場と呼ばれます。セカンダリー市場とは債券の流通市場のことです。

ディーラーとは、財務省が発行する国債を自己の資金で売買することができる証券会社や銀行などを指しています。

プライマリー・ディーラー制度

財務省が発表した国債市場特別参加者制度運営基本要領によると、「国債の安定的な消化の促進並びに国債市場の流動性、効率性、競争性、透明性および安定性の維持並びに向上などを図ること」が制度の主な目的となっています。

国債市場特別参加者、つまりプライマリー・ディーラーとなった参加者に対しては責任が求められる反面、資格も与えられます。国債入札への積極的な参加など、国債管理政策上重要な責任を果たす一定の入札参加者に対し、「国債市場特別参加者」として特別な資格を付与しているのです。

プライマリー・ディーラーは国債発行の大きな担い手となっており、発行する財務省と投資家の橋渡し的な役割も持っています。政府の債務として財務省が発行する国債を、投資対象の商品として市場に円滑に流通させる役割を担っています。

国債市場特別参加者（2021年5月26日以降）

SMBC日興証券株式会社	東海東京証券株式会社
岡三証券株式会社	野村證券株式会社
クレディ・アグリコル証券会社東京支店	バークレイズ証券株式会社
クレディ・スイス証券株式会社	BNPパリバ証券株式会社
ゴールドマン・サックス証券株式会社	BofA証券株式会社
JPモルガン証券株式会社	株式会社みずほ銀行
シティグループ証券株式会社	みずほ証券株式会社
ソシエテ・ジェネラル証券株式会社	株式会社三井住友銀行
大和証券株式会社	三菱UFJモルガン・スタンレー証券株式会社
ドイツ証券株式会社	モルガン・スタンレーMUFG証券株式会社

参照：財務省HP

1 日本版プライマリー・ディーラー制度が国債市場特別参加者制度

2 プライマリー・ディーラーには一定の優遇措置が認められる

3 財務省と投資家の橋渡し的な役割を持っている

競争入札、価格入札、利回り入札など

3-5

国債の入札方式

国債の公募入札とは、入札参加者が希望する発行条件や取得希望額を入札し、その入札状況に基づいて発行条件および発行額を決定する方式です。

入札の種類

国債の入札の方式にはいろいろな種類があり、次のように分けられます。

◎競争性の程度（競争入札・非競争入札）

競争入札とは入札参加者がそれぞれの判断に基づいて価格や利回りで希望額を入札し、発行者が必要とする発行額に達するまで、価格の高いほう、もしくは利回りの低いほうから順次募入する方法です。

これに対して、非競争入札とは、価格競争入札と同時に応募が行われ、価格競争入札における加重平均[1]価格を発行価格とする入札のことです。

◎入札の仕方（価格入札・利回り入札）

価格入札とは、発行者である財務省が表面利率[2]、発行予定額を提示し、入札参加者が希望する価格帯と金額を入札します。

これに対して利回り入札では、発行者は表面利率を設定せず、発行予定額のみを提示します。そして、入札参加者は希望する利回りで応札する方式です。利付債の場合、入札結果に基づいて表面利率が決定されます。

1 **加重平均**／値の重みを考慮して平均すること。たとえば、100円のもの2つと160円のものをひとつ買った場合、加重平均は（100円×2＋160円×1）÷3＝120円となる。

2 **表面利率**／「利率」とも呼ばれ、利付債について半年ごとに支払われる利子の大きさを表す。

10年利付国債（第370回）の入札結果（価格競争入札のみ）

❶ **名称及び記号**	利付国庫債券（10年）（第370回）
❷ **発行根拠法律及びその条項**	特別会計に関する法律（平成19年法律第23号）第46条第1項
❸ **表面利率**	年0.5パーセント
❹ **発行日**	令和5年4月5日
❺ **償還期限**	令和15年3月20日
❻ **価格競争入札について**	
（1）応募額	8兆2,886億円
（2）募入決定額	2兆1,962億円
（3）募入最低価格	100円30銭
（募入最高利回り）	0.468%
（4）募入最低価格における案分比率	80.3317%
（5）募入平均価格	100円41銭
（募入平均利回り）	0.456%

上はコンベンショナル方式による実際の4月4日に実施された10年国債の入札時の結果です。

◎落札価格、もしくは落札利回りの決め方
（ダッチ方式・コンベンショナル方式）

ダッチ方式は応札者が希望価格もしくは希望利回りで応札します。希望価格で応札したなら高いところから順に入札額に達したところの価格、希望利回りで応札したなら低い利回りから順に入札額に達したところの利回りを、それぞれ発行価格もしくは発行利回りとするものです。応札者は最低価格もしくは最高利回りでの同一の利回り、もしくは価格にて取得します。

コンベンショナル方式は入札者が購入債券価格を提示し、入札価格の高い順に発行予定額に達するまで応札する仕組みです。落札した業者は応札した価格、もしくは利回りで取得することになります（複数価格入札方式とも呼ばれる）。落札者ごとに発行条件が異なり、入札技術の巧

拙が直接コストに響くことになり、入札方式の中では最も自由競争の性格が強く完全入札とされています。

2023年3月末現在、2年債、5年債、10年債、20年債、30年債の入札は価格競争入札（価格入札・競争入札）によるコンベンショナル方式、40年債で利回り競争入札（利回り入札・競争入札）・ダッチ方式、物価連動国債で価格競争入札・ダッチ方式を採用しています。

国債に係る入札参加者一覧

2023年1月4日現在

区分	参加者数
都市銀行	5
地方銀行	61
在日外国銀行	18
信託銀行	9
第二地方銀行	37
その他銀行	5
信用金庫	30
信用組合	1
労働金庫	1
農林中央金庫	1
特殊法人	1
証券会社	45
在日外国証券会社	1
生命保険会社	5
損害保険会社	0
短資会社	3
証券金融会社	1
合計	224

参照：財務省HP

国債入札の参加者

国債の入札については、入札を迅速かつ機動的に行うという見地から、所定の入札参加資格を満たすもののみ、入札への参加が認められています。2023年1月4日現在の入札参加者は、都市銀行、地方銀行、在日外銀、信託銀行、第二地銀、証券会社、在日外国証券、生損保、短資会社など224社となっています。

1 国債は主に入札によって発行される

2 国債の入札の方式にはいろいろな種類がある

3 入札参加資格を満たすものだけが入札できる

3-6 入札スケジュールとリオープン方式

ここでは国債の入札スケジュールがどのように発表され、国債の利率がどのように決定されるのか。そして、リオープン方式による国債の発行の仕組みについて考察していきます。

財務省は毎月の国債の入札予定について、3か月前に月間のスケジュールを発表しています。スケジュール表は財務省のホームページで確認することができます。

「(国債)入札カレンダー」財務省[1](一部)

トップページ > 国債 > 入札情報 > 入札カレンダー > 入札カレンダー：令和5年7月

入札カレンダー：令和5年7月

いいね！0　ツイート

令和5年（2023年）7月の入札情報

（1）国債及び国庫短期証券

入札予定日	入札対象国債等	発行予定額等	入札発行について	価格競争入札等	第II非価格競争入札
7月4日（火）	10年利付国債	詳細	詳細	入札結果	入札結果
7月6日（木）	国庫短期証券（6ヶ月）	詳細	詳細	入札結果	-
7月6日（木）	30年利付国債	詳細	詳細	入札結果	入札結果
7月7日（金）	国庫短期証券（3ヶ月）	詳細	詳細	入札結果	-
7月11日（火）	5年利付国債	詳細	詳細	入札結果	入札結果
7月13日（木）	20年利付国債	詳細	詳細	入札結果	入札結果
7月14日（金）	国庫短期証券（3ヶ月）	詳細	詳細	入札結果	-
7月19日（水）	国庫短期証券（1年）	詳細	詳細	入札結果	-
7月19日（水）	流動性供給入札（残存期間1年超5年以下）	詳細	詳細	入札結果 追加発行銘柄	-

1「(国債) 入札カレンダー」財務省／ https://www.mof.go.jp/jgbs/auction/calendar/index.htm

入札日の1週間前に発行予定額などが財務省から発表されます。財務省ホームページで入札予定日、発行予定日、償還予定日、発行予定額が確認できます。

年度の国債発行計画（73ページ）に1回当たりの国債発行額が決められており、入札の1週間前の日に発表される発行予定額はそれに基づいています。

年度途中で補正予算などの関係で国債発行計画が修正された場合には、その発行額となります。ただし、よほどのことがない限り国債の発行額が突然変更されることはありません。

入札予定日について、2年、5年、10年、20年、30年、40年国債の予定日は、慣行上、主に3連続営業日の真ん中に設定されています（短期の国庫短期証券や流動性供給入札を除く）。つまり月曜日や金曜日の実施は稀（まれ）となるわけです。

発行予定日は、その国債の年限により異なります。たとえば2年債については入札日のあった月の翌月1日が発行日となります（土日祝日となる場合にはその翌営業日）。5年債、10年債、20年債については3月、6月、9月、12月は入札の翌営業日後が発行日となります。

償還予定日については、2年債は発行日の2年後の1日となります。そして、5年債、10年債、20年債などは償還日が3、6、9、12月の各20日にまとめられています。

たとえば80ページの表で挙げた10年国債の入札日は4月4日、発行日は4月5日、償還日は令和15年3月20日となっています。

利率の決定方式

国債の入札日の前日、財務省は国債市場特別参加者など主要な入札参加者に対してヒアリング（聞き取り調査）を実施します。

このヒアリングで、投資家の需要はどの程度あるのか、それを受けて業者（主にプライマリー・ディーラー）がどの程度の金額の札を入れてくるのか、表面利率（クーポン）は何%が適切と考えているのか、などを聞き取ります。そして、国債の利率などを設定する際の条件の参考にします。ただし、最終的には入札日当日の債券相場の動向を見て利率が決定されています。

この場合の利率とは、コンベンショナル方式による利付国債[1]の利率となります。イールドダッチ方式[2]の40年利付国債の入札は利回りで行い、入札の結果から利率が算出されます。

コンベンショナル方式による利付国債の利率については、直近に入札があった既存の国債の利回りが参考にされます。償還日の違いなど所有期間などを修正して、新発国債のおおよその利回り水準が推計できます。そこから投資家のその国債に対する需要の強さなどを考慮して、入札日当日の債券相場の状況を見ながら、財務省の担当者が利率を決定しています。

各年限の国債はナンバリングされています（回号）。同じ10年債でも、発行時によって利率や残存期間が異なるため、それぞれに回号が付けられており、まったく別の銘柄として売買されるのです。その回号については入札日に決められていますが、回号が同じものが発行されることがあります。それは次のような理由によります。

リオープン方式

2001年3月より、即時銘柄統合（即時リオープン）方式が導入されています。これは、新たに発行する国債の元利払日と表面利率が、すでに発行した国債と同一である場合、原則として、すでに発行した国債と同一銘柄の国債として追加発行（リオープン）することとし、この新たに発行する国債を、発行した時点から、すでに発行した国債と同一銘柄として取り扱

1 **利付国債**／半年に1回ずつ利子が支払われる国債。

2 **イールドダッチ方式**／ダッチ方式のうち、イールドつまり「利回り」にて入札を行う方式。

う方式です。5年債がこれに適応されています。2年債は入札ごとに元利払日が異なることから、即時銘柄統合方式が適用されません。

2022年度、1銘柄当たりの市場流通量を確保するという観点から、10年、20年、30年、40年債については、即時銘柄統合（即時リオープン）方式よりさらに進めて、次の方式で発行されました。

> 10年債は金利が上下に大きく変動する場合（償還日が同一の国債を発行する場合で、かつ、前回債の表面利率と入札日の市場実勢利回りとの乖離がおおむね0.30％を超える場合）を除き、年間4銘柄（2022年4・5・6月発行分は4月債、7・8・9月発行分は7月債、10・11・12月発行分は10月債、2023年1・2・3月発行分は1月債）でのリオープン発行とします。20・30年債は年間4銘柄でのリオープン発行を原則とします。40年債は年間1銘柄（5・7・9・11・1・3月発行分は5月債）でのリオープン発行を原則とします。物価連動国債は年間1銘柄（5・8・11・2月発行分は5月債）でのリオープン発行を原則とします。

『債務管理リポート2022――国の債務管理と公的債務の現状』より引用

償還日が同じ国債の銘柄は統一されます。たとえば10年国債の370回といった回号がひとつの銘柄となり、それは3回の入札で発行されたものが同一となるわけです。これによって1銘柄あたりの発行額が増加し、流動性が確保されました。

ただし、日銀が指値オペでそれをほとんど買い上げ、むしろ流動性が確保できないという事態が2023年1月あたりから発生しました。

1 財務省は3か月前に月間の国債発行スケジュールを発表

2 利率などはヒアリングなどによって決定

3 国債の流動性を高めるためのリオープン方式

37 入札日の進行と結果発表

国債の入札の結果はどのように発表され、そして債券市場参加者は国債の入札結果をどのように判断しているのでしょう。ここではそれらについて紐(ひも)解いていきます。

国債入札日の当日、10時30分に利率や回号、発行日、償還日、利払い日などの条件が財務省から発表されます。これは財務省のホームページからも確認できます。

国債入札の参加者は、条件が発表されると、債券相場の状況や投資家のニーズ、他社の動向を見極めて入札の価格や金額を決定します。10年債は1銭刻みで入札するため、1銭違いで落としたい金額が落とせない事態もありえます。

2年以上の国債入札の締め切り時間は11時50分で、この時間を過ぎると入札できません。国債の入札には日銀ネット[1]というオンライン端末が使われています。

日銀ネットとは「日本銀行金融ネットワークシステム」のことであり、日銀と市中金融機関との間をオンライン化し、各種事務手続の効率化、ペーパーレス化を図ることを目的として開発されたものです。

国債を発行するのは財務省ですが、その事務手続きや決済などは日銀が行っています。

1 **日銀ネット**／「国債の円滑な発行と流通を支える（2018年9月25日掲載）」日本銀行（https://www.boj.or.jp/about/annai/genba/focusboj/focusboj25.htm）参考

利付国債の入札タイムテーブル

項番	事務内容	実施日	実施時間
①	オファー	T日 （入札、新規記録）	10:30
②	応募締切		11:50
③	入札結果公表		12:35
④	募入決定通知		15:00
⑤	新規記録等の入力		～17:00
⑥	代金払込	T+1日 （発行）	8:30～ 15:00

入札の結果発表は12時35分（2023年6月末現在）。入札結果は発表と同時刻に財務省のホームページに掲載されます。

コンベンショナル方式での国債入札では、入札参加者に購入希望価格と金額を提示させ、価格の高いところから発行予定額に見合う金額分になるまで順次割り当てて行きます。そして、発行予定額の残分が入札されている金額を下回ったら、その価格が最低落札価格となり、入札された金額分に応じて比例配分されます。

参加者が希望額を提示するのが応札額、実際に落札され購入できる金額が落札額です。コンベンショナル方式では最低落札価格より上で応札した額は全額落札されるが、最低落札価格より下で応札したものは落札できません。最低落札価格の分は比例配分されるため、希望額が全額落札できないこともあります。

入札結果の発表の際には、応札額、落札額、平均落札価格、最低落札価格、そして最低落札価格の案分比率などが発表されます。案分比率とは、最低落札価格で落札できた割合です。

最低落札価格と平均落札価格の価格差をテールと呼びます。テールが短ければ短いほど、人気が高いといえます。

人気が高いと業者はなるべく落札したいと思います。しかし、高値づかみも避けたいため最低落札価格と見られる価格に集中して応札し、テールが短めになります。

一方、人気がない場合は、安いところまで札が入ることとなり、その安いところまで価格を下げないと全体の応札額に満たないとなれば、平均落札価格と最低落札価格の差が大きくなります。これまでのテールの長さに比べて大きくなった際には（テールが流れるとも表現されます）、入札結果は悪いと判断されます。

応札額を落札額で割った応札倍率は、その入札の人気度を示すバロメーターのひとつです。応札倍率が低いほど入札は低調と見られます。応札倍率が1倍を割れば札割れとなります。札割れとは、当初予定した発行額に入札額が達しないという事態です。2002年9月20日、10年国債の入札で応札倍率が1倍を割り込み、10年債としては初めて札割れが発生しました。

ただし、テールも応札倍率もあくまで人気を測るバロメーターのひとつであり、絶対的なものではありません。

1 国債の入札結果発表は12時35分（2023年6月末現在）

2 国債入札結果で注目すべきはテールと応札倍率

3 ただし、それもあくまでひとつのバロメーター

第4章

国債の
流通市場の仕組み

業者が自ら取引をする店頭取引が中心

日本の国債市場は世界最大級だった?

日本の債券市場の規模はかつて世界最大規模となっていました。
それではその流通市場とはどこにあり、
どのように売買されているのでしょうか?

日本の国債市場は世界最大規模だった

「わが国の国債市場は、世界最大の国債市場である」。これは2000年4月21日に日銀の白川方明氏（のちの日銀総裁）が、アジア開発銀行研究所（ADBI）および経済協力開発機構（OECD）の共催の講演で発言した言葉[1]です。

ただし、世界最大かどうかについては、比較が難しいことも確かです。国債の発行残高で見ると米国がトップですが、その中には非市場性国債[2]が多く含まれています。また、中国の債券市場が大幅に拡大してきており、時価総額での市場規模を見ると米国に次いで中国が2番目、日本は3番目の大きさとなっています。

いずれにしても、見方によっては日本の国債市場が過去に世界最大級であったことは確かだと思われます。

現在、日本の国債の発行残高のうち、日銀の国債保有額は576兆円超（2023年3月末）となっており、半分以上も日銀が保有する事態となっています。約10年前の2012年12月末、日銀による国債の保有比率は11.6%でしたが、それが今日では5割を超す保有比率となっているのです。

1 **発言した言葉**／参考「日本の国債市場改革」日本銀行 https://www.boj.or.jp/research/wps_rev/wps_2000/kwp00j06.htm

2 **非市場性国債**／市場に流通していない国債、たとえば個人向け国債など。

日銀の国債保有残高

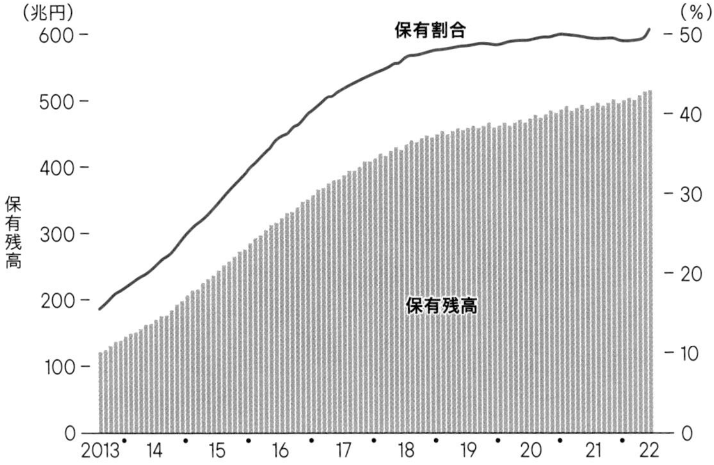

＊額面ベース、変動利付債・物価連動債を含む　　データ出所：日銀、QUICK

年間230兆円規模の国債のほとんどが入札を通じて発行されていますが、その多くを日銀が国債買いオペ[3]を通じて購入しているのが現状です。

以前は、入札される国債のほとんどを、市中の機関投資家などが購入していました。国債を購入した機関投資家はそのまま持ち続けるのではなく、頻繁に保有国債を入れ替えています。保有目的などに応じて少しでも収益性を高めようとし、保有国債を売買することで、相場変動を見越してのリスクの調整を行っているのです。

これだけ巨額の国債を購入する投資家が存在し、さらにその投資家が安心して保有国債を売買できる場が提供されているのです。その売買できる場が「流通市場」です。

証券取引所でも国債などの債券の現物の売買は行われていますが、端債（10万円、100万円単位の小さい金額）の取引がある程度で、ほとんど売買がありません。現物債[4]の売買のほとんどは、投資家の売買注文を証券会社など業者が自ら売買の相手方になって取引をする「店頭取引」

3　**国債買いオペ**／日銀が行うオペレーション（公開市場操作）のひとつで、長期国債を買い入れることによって金融市場に資金を供給すること。

となっています。これは証券会社などの店頭で売買が行われるという意味ではありません。主にインターネットや電話などを通じて、機関投資家と証券会社や銀行との間で、もしくは証券会社など債券ディーラーの相互間で直接取引が行われているのです。

債券の流通市場での取引は億円単位で行われることも多く、数千億円といった取引が一度に行われることもあります。

そのため、業者と直接まとまった金額の取引をしたほうが、売買の手間が省けるという利点があります。

さらに、債券は本来であれば、銘柄ごとに金利裁定[5]が働きます(長期金利コントロール下では、それを日銀が阻害している面もあります)。

金利は残存期間が異なっても同じ方向に動くことが多く、株式のように個別銘柄ごとに競争売買を行う取引所売買になじまないともいわれています。さらに、個人の保有が少なく、投資家によって利子所得に対する課税・非課税があったりするなど、取引の標準化がむずかしいといったことなども店頭取引が多い理由となっています。

長期国債先物取引(債券先物取引)

債券にもデリバティブ(118ページ)と呼ばれる商品が存在します。その代表的なものが、東京証券取引所に上場されている長期国債先物取引(債券先物取引)です。

債券先物取引は標準物と呼ばれる架空の債券を取引するため、店頭取引より取引所取引になじみやすい形式となっています。大手証券や銀行による自己売買だけでなく、海外投資家による取引も活発化し、債券先物の流動性は非常に高いものとなっています。

債券先物の取引が行なわれている時間帯は、ドル円や日経平均先物

4 **現物債**/実際に流通市場に発行されている債券のこと。債券先物取引では原資産となる国債のことを指す。

5 **金利裁定**/金利における割高、割安が発生した際に、それが調整されること。

などと同様に常に値が動いています。そのため、店頭売買が主流の現物の取引よりも、債券先物の動きを見ることで流通市場の動向をつかみやすくなります。

流通市場の参加者も市場動向を見るために、債券先物の価格を常にチェックしています。

債券先物取引については、第5章にて詳しく説明しています。

流通市場のプレーヤー

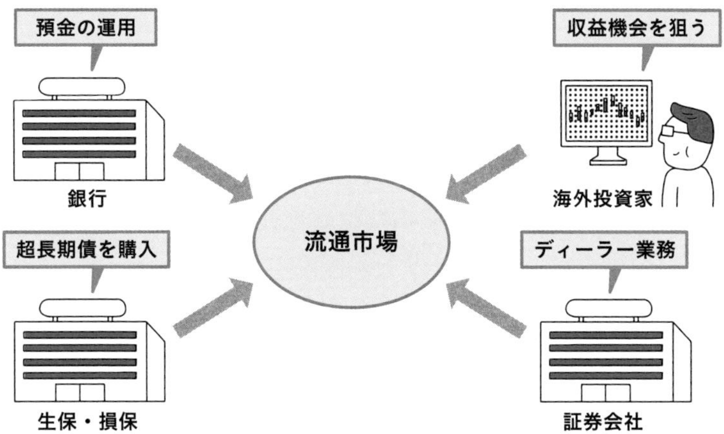

1 日本の国債市場の規模は過去に世界最大級だった

2 現物債の取引は店頭取引で行う

3 流通市場の動きを見るには債券先物の動きをチェック

4-2 日本国債の半数以上を日銀が保有している

日本国債はその９割以上が国内資金で賄われているといわれています。日本国債が暴落しない根拠のひとつとして説明されることがありますが、この数字は何を根拠にしたものなのでしょうか。

日本の債券の保有者

日本国債の投資家別の保有残高を見るために使われているデータが、日銀が発表している資金循環統計[1]です。

資金循環統計とは、日本の金融機関、法人、家計など各部門の金融資産・負債の推移や残高などを、預金や貸出といった金融商品ごとに記録した統計です。四半期ごとに発表されており、日本の個人全体の金融資産の合計金額なども確認できます。

資金循環統計では「国内発行債券の発行体別かつ保有者別残高・フロー[2]」という数字も確認できるため、ここから日本の債券の保有者を確認してみましょう。

2023年3月末の日本の債券残高は1526兆2347億円となっています（資金循環統計では額面ベースではなく時価総額となっている）。

このうち金融機関が1199兆4717億円を保有しています。そしてこの金融機関の保有残高のうち591兆6679億円を中央銀行、つまり日本銀行が保有しています。

日銀以外の金融機関の債券残高は607兆8038億円です。海外投資家の保有残高は186兆856億円となります。

1 資金循環統計（速報）（2022年第4四半期）／https://www.boj.or.jp/statistics/sj/sj.htm/

2 資金循環統計（速報）「国内発行債券の発行体別かつ保有者別残高・フロー」／https://www.boj.or.jp/statistics/sj/sjexp.pdf

日本国債の保有者

次に国債についてもう少し具体的な数字を確認してみましょう。2023年6月27日に発表された資金循環統計を基に算出してみたところ、2023年3月末時点での国債の総額は1079兆9593億円となっていました。すでに日本国債の発行残高は1000兆の大台を突破しています。

この場合の国債とは、普通国債（建設国債と特例国債）と財投債を合計したものであり、政府短期証券は含まれていません。

このうち日銀の保有額が576兆643億円となり国債残高の53.3%を日銀が保有しています（2023年3月末）。

2023年3月末現在の日本国債の保有者

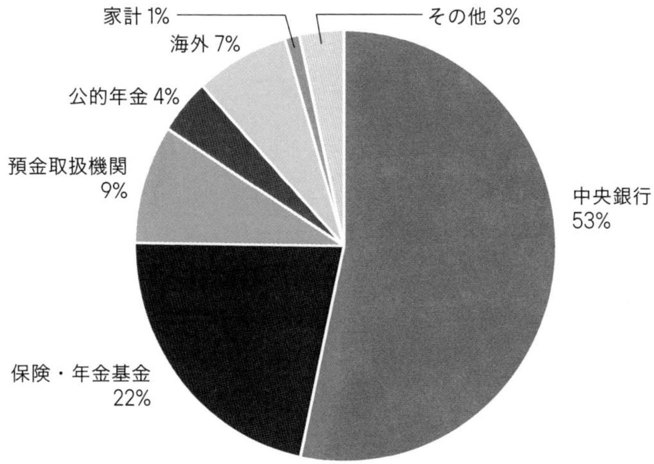

資金循環統計の数字を基に著者作成

ちなみに2013年4月の異次元緩和と呼ばれる日銀の量的質的緩和政策が決定された2013年4月以前の数字を見ると、2013年3月末の日銀の保有額は93兆8750億円で、国債残高の11.6%に過ぎませんでした。

日銀の金融緩和策により、国債が大きく日銀によって買われたことがここからも確認できます。

日銀に次いで多く国債を保有しているのが保険・年金基金で、236兆1063億円で、21.9%（2023年3月末）となっています。2013年3月末は222兆3979億円、27.6%となっており、残高は増えてはいますが、それほど大きくは変わっていません。

銀行など民間預金取扱機関の国債保有額・割合は、95兆8124億円、8.9%（2023年3月末）となっています。2013年3月末は314兆9018億円、39.0%となっており、大きく減少していたことがわかります。

海外投資家の保有額・割合は78兆1840億円、7.2%（2023年3月末）です。2013年3月末の35兆2469億円、4.4%から比較すると、残高そのものは倍以上になっていました。

2013年3月末の国債（国債・財融債のみ）の残高は、807兆1421億円でしたので、残存額そのものが大きく増加していたのに対し、日銀がその多くを購入していたということがこれからもはっきりわかります。

1 国債の保有者は日銀が発表している資金循環統計でわかる

2 日本国債の最大の保有者は日銀

3 海外投資家による日本国債の保有率は6.5%程度しかない

投資家はなぜ国債を購入するのか

財務省から入札などを通じて直接、投資家が国債を取得する発行市場に対して、投資家が取得した国債を売買する場が流通市場です。

10年新発債の流動性

プライマリー・マーケットというのは発行市場を指す言葉です。

プライマリー・マーケットに対してセカンダリー・マーケットがあります。セカンダリー・マーケットとは債券を売買する流通市場です。

新たに発行される債券を新発債と呼ぶのに対し、すでに発行された債券を既発債と呼びます。

国債の流通市場は、国内外の生保などの投資家や、主に国債市場特別参加者をはじめとした仲介業者など、さまざまな投資家で構成されています。ただし、本来脇役の日本銀行が金融緩和策の一環として強力な国債買入を行った結果、現在では最大の買い手となってしまいました。

投資家が国債などの債券を購入する理由のひとつとして挙げられるのが、流動性が高く、いつでも一定の価格（時価）で売却できるためです。つまり債券は優れた換金性を備えているといえるのですが、そのためには換金が容易であることに加え、国債の利回りがどの水準にあるのか常に明らかになっていること、常に売り買いが可能なように市場に厚みがあることが必要とされます。

しかし、日銀が金融政策として指値オペ[1]などによって国債を大きく買い上げてしまった結果、10年新発債のほぼ全額を日銀が保有するようになりました。そして、売り買いする国債がほぼなくなってしまい、10年新発債の流動性が大きく後退してしまいました。これは市場参加者にとってたいへん由々しき事態であったともいえます。

1 すでに発行された債券を既発債と呼ぶ

2 国債の流通市場はさまざまな投資家で構成されている

3 投資家が債券を購入する理由のひとつに流動性の高さがある

1 **指値オペ**／国債を一定の利回りで日銀が買い入れること（6章にて説明しています）。

4-4 債券市場の参加者たち

債券市場には、証券会社などの業者がディーラーとして参加し、ブローカーと呼ばれる業者を通じても売買しています。国内外の投資家が積極的に売買しています。

ディーラー

債券売買は店頭取引により投資家と業者、もしくは業者同士での取引が中心となります。株式市場や外為市場[1]と異なり、個人はほとんど参加していません。そのため、債券の円滑な取引を進めるうえで重要となるのが、業者と呼ばれる証券会社や金融機関のディーリング業務です。ディーリング業務とは、自己の資金で、自己の利益のために、有価証券（株式や債券）を売買する業務のことです。

債券市場においては、証券会社だけではなく、大量の国債を抱えている銀行などの金融機関にもディーリング業務が認可されている点も特徴です。国債残高の増大により金融機関にディーリング業務が認可されたわけですが、その認可とともに債券市場そのものが拡大してきました。また、金融機関にとってディーリング業務は大きな収益源のひとつともなっているのです。

債券ディーラーは、顧客である投資家との売買を円滑に行うために、一定の在庫を保有します。そして、投資家の売りに対しては自己勘定で買い向かい、投資家の買いについては自己の保有在庫などで対応す

1 **外為市場**／外国為替市場のことで、円やドルなどの異なる通貨を交換（売買）する場をいう。

る必要があります。つまりディーラーはリスク覚悟で在庫を確保することとなります。その在庫（ポジション）については、ある程度の相場観[2]を持って増減させたり、債券先物などでヘッジ[3]を行うことによりリスクを調整しています。また、顧客の買いに対応させる際には手持ちの債券がなくても売りに応じることもあります。

ディーラーの在庫調整として使われるのが、ブローカーと呼ばれる業者です。

ブローカー

債券の店頭取引は、投資家と業者の間で直接行われるものだけではなく、日本相互証券などのブローカーを通じても行われています。米国などの債券取引は電子取引が主流になりつつありますが、日本でもこれらのブローカーを通じてその端末を使うことで取引が行われています。

顧客との守秘義務もあるため、業者が顧客との直接取引に関して具体的な取引状況を外部に教えることはありません。したがって、各店頭での取引状況は第三者には見えません。

しかし、現物債を売買するにあたって、業者も投資家も何かしら相場の居所を探る目安が必要です。そこで、現物債の動きをつかむために市場参加者が注視しているのが、ブローカーでの国債の売買状況なのです。

日本相互証券は、証券会社の債券売買の仲介を目的に1973年7月に設立された専門の証券会社です。国債発行額の増加に伴い、ディーリング業務における保有在庫の調整が必要となったものの、ディーラー同士が直接売買をすると相手に手の内をさらけ出すことになってしまいます。また、自らの条件に適した相手先を探すにも時間と労力が必要です。このため、業者間売買を専門とする日本相互証券が誕生したのです。

2 **相場観**／相場がどのように動くか予想すること。

3 **ヘッジ**／現在保有しているか、または将来保有する予定のある現物の価格変動リスクを回避または軽減するために、先物やオプション取引などにおいて現物と反対のポジションを取る取引。

日本相互証券の役割

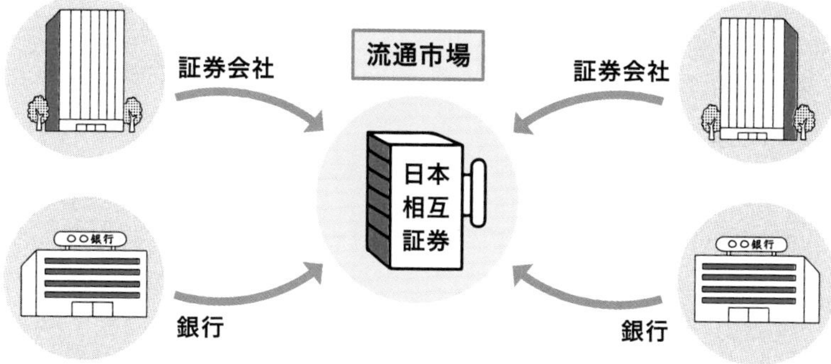

日本相互証券は業者同士の債券売買を仲介している。

金融機関の債券ディーリングルーム[4]には、この日本相互証券の端末が設置されています。この端末を通じて顧客と売買するための国債の手当て[5]やポジション調整[6]の売りといったことを行います。

日本相互証券の端末画面を見れば、取引所での取引のように国債を主体とした債券の売買状況を確認できるのです。

ちなみに日本の長期金利とは、「業者間売買を行っている日本相互証券での10年新発債が売買された利回り」を指します。

国内投資家

メガバンクなどを中心とした銀行は、預金などで預かった資金の一部を国債などの債券で運用しています。メガバンクやゆうちょ銀行などは保有資金が巨額となるため、ちょっとした保有ポジションの入れ替えだけでも市場へのインパクトは大きくなっていました。ただし、日銀の異次元緩和導入以降は、そういった動きは影を潜めるようになります。

地銀など地方の金融機関も、積極的に市場で売買を行っています。

4 **ディーリングルーム**／ディーリングを行いやすいように情報・通信端末を備えた部屋。

5 **手当て**／顧客の注文に対応するため、現物債を買い入れること。

6 **ポジション調整**／ディーラーが保有している債券の量をリスク管理などによって調節すること。

国内の金融機関は運用先として、安全性の高い国債に多くの資金を振り向けています。生命保険会社や損害保険会社は、その資金の性格上、主に超長期国債などを中心に比較的期間の長い債券を購入しています。

海外投資家

海外投資家が保有する現物債の額はそれほど大きくはないものの、それに対して売買高は多く、短期的な売買などを頻繁に行っています。とくに債券先物などのデリバティブ商品（118ページ）に関しては、海外投資家はかなり頻繁に売買を行っています。

債券先物などは海外のCTAと呼ばれる投資家が頻繁に売買し、このような海外投資家の動きが債券相場全般に影響を与えることも多いのです。

CTA（Commodity Trading Advisor）は直訳すれば商品取引アドバイザーとなりますが、「商品投資顧問業者」とも呼ばれています。先物やオプション取引の専門家で、運用のアドバイスや一任勘定での資産運用を業務とし、その多くは独自のプログラムに基づいて運用を行っています。

2022年における日銀のイールドカーブ・コントロールの修正観測によって、債券先物や10年国債のカレント物を積極的に売り仕掛けをしていた（国債を売って利回りを上昇させることで、長期金利のレンジ上限突破を狙い、日銀にYCCを解除させようとした）のが、海外ヘッジファンドでした。

1 債券市場の参加者が証券会社などのディーラー

2 債券売買の仲介業者がブローカー

3 国外の投資家も積極的に売買に参加している

4-5

債券の店頭取引の仕組み

国債を売買する際の基準値は日本証券業協会や日本相互証券が発表しています。プライマリー・ディーラーなどはそれぞれ独自の基準値を出しています。

売買をする際の目安

そもそも国債の基準値はどのように決定されているのでしょうか。債券の売買は店頭で行われている以上、個々の売買がどのレートで行われているのかはわかりません。このため、15時現在の国債の利回りや価格を日本証券業協会や日本相互証券は独自に算出しており、それが16時に発表されます。それを基にして国債のポジションを抱えている金融機関は保有評価額を算出しています。

店頭取引（相対取引）の仕組み

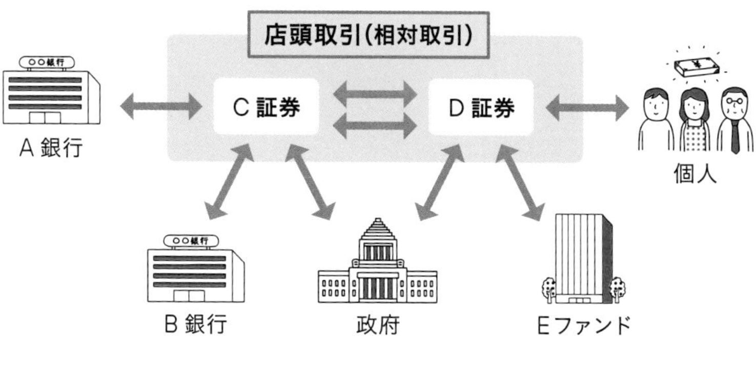

それでは、業者はどのようにその日の売買の際のレートを決定しているのでしょうか。

まず、参考にするのは、前営業日の基準値です。前営業日から当日の朝にかけて、たとえば日本の債券市場に大きな影響を与える米国の債券市場がどのように動いたかを確認します。

そのうえで、当日の債券先物の動きを確認し、売られたのか、買われたのか、それはどうしてなのかを探ります。現物債は日本相互証券の売買を参考にします。国債の入札や経済指標の発表などがあればそれらを確認し、日銀のオペレーションなども確認して、イールドカーブの状況を推測します。それに基づいて、前日の基準値からどの程度利回りが乖離しているのかを探ることとなります。

そのうえで、ディーラーなりの相場観に基づいて投資家との売買を行います。そして、投資家との売買により生じたポジション調整(101ページ)などのため、日本相互証券などで売り買いを行います。日本相互証券の端末は多くの証券会社や銀行にあり、そこで取引された債券の利回りは外部から見ることができるため、今度はそれが参考になるわけです。

日本相互証券ではカレント物と呼ばれる直近入札された2年、5年、10年、20年、30年、40年債の売買が頻繁に行われることで、今度はその水準も参考にして、投資家との売買を行うことになります。

そして、債券相場のおおよその流れは債券先物が参考になります。現物債に比べて常に価格が変動しており、その動向をチェックすることにより、相場の流れをつかみ、現物債の売買の参考にされるのです。

1 国債の基準値は日本証券業協会や日本相互証券などが発表

2 業者に聞き取り調査をすることで、その気配をつかんでいる

3 債券相場のおおよその流れは債券先物が参考になる

国債に関わる決済制度

ここでは国債の決済について見ていきます。
現在の国債は2営業日目「T+1」で決済が行われています。
また国債の決済は日銀ネットを通じて行われています。

日銀ネットを通じて行われる決済

国債の決済日は、2018年5月1日から「T+1[1]」に短縮されました。つまり約定日から起算して、原則2営業日目の日に受渡し決済を行うことになったのです。

国債など金融商品の決済期間の短縮は、未決済残高を減少させ、結果として決済リスクを削減するための有力な手段となります。

たとえば、急激な相場変動が起きた際にも、決済不履行などの事故が生じるといった決済リスクを軽減させられます。

国債の決済は1988年に稼働した日銀ネットを通じて行われています。金融機関同士が行う資金取引の決済や国債など証券取引の代金の決済、民間決済システムの最終的な決済に、日銀の当座預金での振替が利用されています。

日銀が金融機関との間で行っているオペレーション[2]や貸出し、国庫金の受払い、国債の発行・償還に伴う資金の受払いなどについても、日銀の当座預金を介して決済が行われています。

日銀はこうした資金や国債の決済が安全かつ効率的に行われるように

1 **T+1**／Tとは「Trade date」のことで証券の売買が成約された日、つまり約定日。慣行上、T+1は「ティ・プラスいち」、T+3は「ティ・プラスさん」といった呼び方をしている。

2 **オペレーション**／市場の通貨流通量を調節する政策手段のひとつ。公開市場操作（オペレーション）。

するために、コンピュータ・ネットワークシステムを構築しました。これが日銀ネット（日本銀行金融ネットワークシステム）国債系システムです。

フェイル

フェイルとは、取引当事者の信用力とは異なる理由[3]により、当初の予定通り対象債券の受渡しが行われていない状態をいいます。

フェイル慣行とは、あくまでフェイル発生時の当事者間における一般的な事務処理方法を定めた市場慣行であり、フェイルが発生したからといってそれによって直ちにデフォルトとはしないことが基本となっています。

デフォルトとは、国債などの債券の利息や額面金額が約束通りに支払われないことで、債務不履行とも呼ばれています。

日本国債清算機関

2005年5月からは日本国債清算機関（JGBCC：Japan Government Bond Clearing Corporation）の業務が開始されました。日本国債清算機関は、国債市場の主要プレーヤである証券会社・銀行・短資会社などの共同出資により2003年10月に設立されたものです。

現物国債のほとんどが店頭で取引されており、取引の過程は、約定から照合、そして清算、決済といった流れとなっています。しかし、清算機関が創設される以前は、清算がないまま各当事者が相互に日銀ネット上で決済を行っていました。清算機関が創設されたことにより、参加者同士の取引に関わる決済は、原則として日本国債清算機関に集約され、清算（ネッティング）を経て決済を行うことが可能となったのです。

つまり参加者は決済上の相手方リスクを負うことなく、相手同士で行っていたものをすべて精算機関でまとめて行うことで、いろいろと相殺

3 **信用力とは異なる理由**／たとえば、リーマン・ショック時に発生した。相手方がリーマンの取引がなかったことに。

も可能となるため、決済そのものの全体量を削減できますし、安全かつ効率的に決済することが可能となっています。

なお、日本国債清算機関は2013年10月に日本証券クリアリング機構と合併しており、国債の清算機関業務は同機構に引き継がれています。

売買から決済に至る関連諸機関

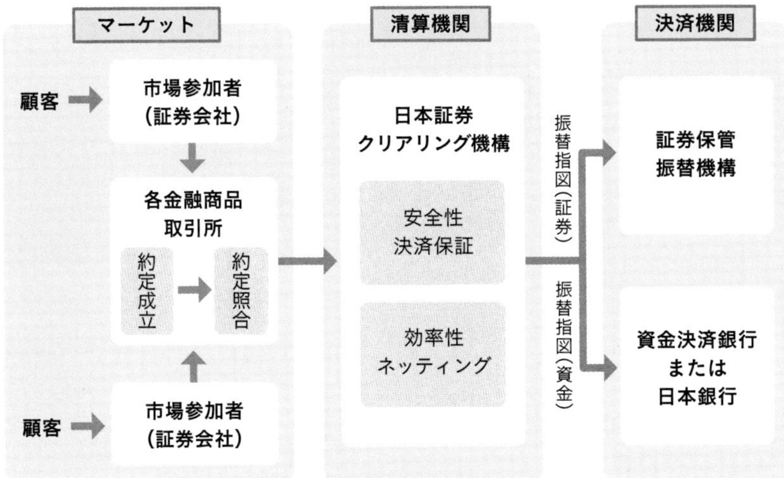

1 国債の決済日はT+1となっている

2 国債の決済には日銀ネットが使われている

3 原則として日本国債清算機関に集約され、清算を経て決済を行う

47 国債を貸し借りするレポ取引

債券のレポ取引（債券貸借取引）は、
債券の空売りをするときに、
その債券を借りる場として誕生しました。

空売りのために生まれたレポ取引

債券の価格下落リスク（長期金利上昇リスク）をヘッジ[1]するのであれば、債券先物を利用するという方法がありますが、債券先物は実質7年債と連動しています。このため新規に発行される10年債などをヘッジするには、期間のミスマッチが生じることになり、10年債そのものを借りて空売り[2]ができるのであれば、このようなミスマッチは生じないことになります。この空売りをするために生まれたのが、債券レポ取引です。

日本のレポは貸借取引

レポ市場は、1996年1月に債券の貸借に担保として求められる現金への付利制限が廃止され、同年4月に現金担保付き債券貸借市場として発足しました。

現金担保付き債券貸借は次のような仕組みです。

①貸し手が借り手に債券を貸し出して担保金（現金）を受け取ります。

②一定期間後の決済日、債券の借り手は債券と貸借料を貸し手に渡します。

③債券の貸し手は担保金と利息を借り手に渡します。

1 **ヘッジ**／将来の価格変動に伴うリスクを先物取引などで回避または軽減すること。

2 **空売り**／持っていない国債などを借りるなどして売却すること。

この債券貸借料率と担保金利息率（付利金利）との差を「レポレート」と呼び、取引の利益（もしくは費用）となります。取引条件は、通常このレポレートで提示されます。また一般的に、債券を貸し出して現金調達することをレポと呼び、債券を調達して運用することをリバースレポと呼んでいます。

ちなみにレポ（Repo）は「Repurchase ／ Resell Agreement」の通称であり、「買い戻し」もしくは「売り戻し」をするという条件付きの売買契約を意味します。つまりレポとは本来、売買取引です。

しかし、日本のレポ取引は、形式上「現金担保を付した債券貸借取引」であり、売買取引ではありません。これはレポ市場創設にあたって、欧米のレポ取引と同様の経済効果を持つ取引の導入が企図されたものの、債券の売買となれば有価証券取引などの障害があったため、現金担保付き債券貸借という形を取らざるをえなかったという経緯があります。

SC取引とGC取引

レポ取引には借入者が指定した銘柄や回号の債券を借り入れることが目的のスペシャル取引（SC取引）とともに、対象となる債券の銘柄を特定しないジェネラル取引（GC取引）もあります。GC取引は資金取引の要素が強く、債券を担保にして資金の運用・調達を行う取引となります。

このようにレポレートは短期の借り入れコストとなるので、債券需給ではなく、短期金融市場の動向に影響を受けます。したがって、市場では短期金利の指標として受け止められています。

レポ取引を通じての日銀のオペレーション[3]も実施されています。

3 **オペレーション**／中央銀行の金融調節の主な手段で、金融市場で民間金融機関との間で中央銀行が行う国債などの売買や資金貸し付けなどの取引のこと。オペとも呼ばれる。

1997年における金融不安の高まりにより、金融機関の資金繰りがかなり懸念されました。日銀は多額の資金供給を行う必要に迫られ、新たな短期金融市場として成長していたレポ市場をオペの対象に加えたのです。

2005年5月には、日本国債清算機関（JGBCC）による清算業務が開始され、レポ取引の清算（債務引受け、ネッティングなど）、リスク管理などが行われており、レポ取引の拡大に寄与しました。

2013年に日本証券クリアリング機構（JSCC）と株式会社日本国債清算機関（JGBCC）は合併し、日本証券クリアリング機構が業務を受け継いでいます。

1 債券の空売りのために生まれたのがレポ取引

2 日本のレポは債券貸借取引

3 レポ取引にはSC取引とGC取引の2種類ある

4-8 国債価格の変動要因

あまり一般には知られていませんが、国債の価格も株式や外為市場のドル円などのように頻繁に動いています。国債の価格は何を見て動いているのでしょうか。

国債の価格変動要因を考えるために、国債が買われる要因を思いつくままに上げてみましょう。たとえば景気の悪化、物価の下落、投資家の需要増、国債発行額の減少、米国債の価格上昇、世界的なショックによるリスク回避の動き、などが挙げられます。

長期金利の推移

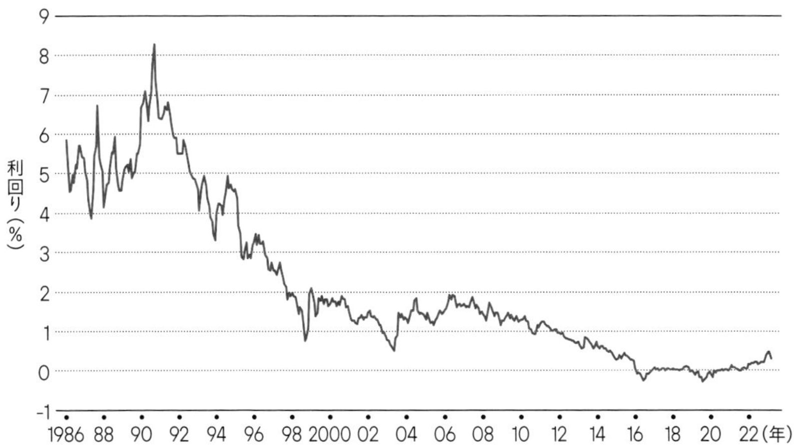

景気が悪くなれば企業への貸し出しが伸びずに、金利は低下しやすくなります。物価の下落も金利の低下要因です。物を買うよりも預金することが優先され、その結果、金利が引き下げられます。
物の需給と同様、本来は国債発行が増加すれば売り要因となり、買い手の需要が高いと買い要因となります。

海外要因に影響を受けることも多く、とくに債券先物の寄付(よりつき)[1]の価格は、前営業日の米国債市況の影響を受けることが多いのです。また、リーマンショックやギリシャショックなど世界的なショックにより、安全資産として日本国債が買われることもあります。

国債も相場で動くため、絶対的な方程式は存在しないといわれます。ただし、少し長い期間で国債の変動要因を見る場合に、フィッシャー方程式が参考にされることがあります。
フィッシャー方程式とは長期金利の構成について、以下の式で示せるという仮説です。

名目金利＝実質金利＋期待インフレ率

この場合の名目金利とは、実際に債券市場で国債が売買されて形成された利回りのことを示します。これに対して、実質金利とは物価による影響を加味したものとなります。
たとえば、10年国債の利回りが1%で、物価は消費者物価指数（除く生鮮）では前年同月比で2%の上昇となっていたとしましょう。この場合の実質金利（実質の長期金利）は1%から2%を引いたマイナス1%となります。
フィッシャー方程式では期待インフレ率となっています。期待インフレ率とは市場参加者が抱いている物価の予測値です。それと実質金利が組み合わされて名目金利が形成されるという式です。

1 **寄付**／取引所で最初に成立した取引、もしくはそのときに付いた値段。

フィッシャー方程式にリスクプレミアムを加えた以下の式が、拡張フィッシャー方程式です。この場合のリスクプレミアムとは、期間が長くなることによる不確実性の増加や流動性の低下に対するプレミアム（上乗せ金利）とされています。

名目金利＝実質金利＋期待インフレ率＋リスクプレミアム

長期金利の変動要因、つまり国債価格の変動要因としては、このように実質金利と将来の物価予測が大きく影響しています。ここにたとえば日本の財政リスクというリスクプレミアムが加われば、その分、長期金利は跳ね上がる可能性があるということなのです。

ここまでが教科書的な説明となりますが、日銀は2016年9月に長期金利をコントロール下に置くイールドカーブ・コントロール（152ページ）を取り入れています。その結果、上記のように各種の要因を受けて市場で形成されるはずの長期金利をゼロ近辺に抑え込む政策を取っています。

これによって、長期金利が本来持っているはずのファンダメンタル[2]や海外金利、国債需給など関係なしに、日銀が勝手に長期金利を決めてしまうという状況となってしまったのです。

1 債券の利回り形成に影響を与えるのは、景気や物価の動向

2 国債の発行額などの需給にも影響を受ける

3 長期金利の形成には将来の物価予測も影響を与えている

2 **ファンダメンタル**／経済状況を示す指標。

4-9 国債価格の動きをチェックするには

債券市場の動向を見るうえでは、債券先物の値動きを見るのが一番わかりやすいです。現物で最も値動きがわかりやすいのは日本相互証券での売買動向となります。

国債の価格は毎日変化しています。しかし、国債の価格そのものが、何の理由でどの程度動いたのかなど、金融市場関係者以外の方はあまり関心を持っていないかもしれません。実際にテレビのニュースでも、日経平均株価やドル円の動きは伝えても長期金利の動きまで詳しく伝えている番組はあまり多くないことも確かです。

しかし､国債の価格は日銀によるイールドカーブ･コントロールによる制約を受けながらも、日経平均先物やドル円同様に値は動いています。

債券市場の動向を見るうえでは、債券先物の値動きを見るのが一番わかりやすいでしょう。

大阪証券取引所に上場している債券先物の中で、中心限月[1]と呼ばれるものは、取引の立会い時間中は常に売買され値段が動きます。

これは日経平均の指数や日経平均先物などと同様に、相場の動きを知るうえでは最も適しています。たとえば、ザラ場[2]といわれる取引所の立会い時間中に、何かしら大きなニュースが流れたりすると、即座に反応します。そのニュースが債券市場にどのように受けとめられたのかを知るには、債券先物の動きを見ればわかりやすいです。

1 **中心限月**／先物取引やオプション取引で最も出来高が多い限月のこと。

2 **ザラ場**／寄付（1日の取引や後場の取引の最初に成立する売買）と引け（前場または後場の取引の最後に成立する売買）の間の取引方法や取引時間のこと。

日本の債券のベンチマークともいえる債券先物ですが、日銀は市場が日銀の意図に反して動くことを警戒してか、債券市場のベンチマークであり、売買高も多く、債券市場の流動性向上にも大きく貢献している債券先物の動きも封じ込めようとしました。

債券先物は10年国債のチーペースト（128ページ参照）を指値オペ（157ページ参照）の対象に加えたのです。

もちろん債券の運用者やディーラー担当でもなければ、日々、瞬時の値動きに常に気を配る必要はないかもしれません。

しかし、少なくとも債券先物の日足四本値（寄付・高値・安値・引値）、そして当日の10年国債の利回りの位置（つまり長期金利）などは、国債の動きの指標として確認することは重要です。

2023年の債券先物の日足ローソクチャート

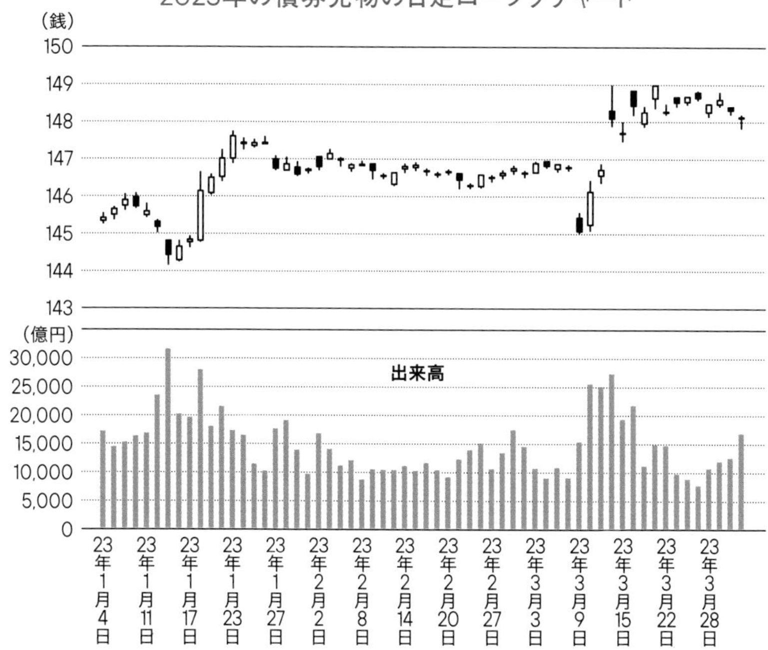

現物債の値動きが最もわかりやすいのは日本相互証券での売買動向ですが、この値動きを直接見ることができるのは日本相互証券と売買契約を結んでいる業者と呼ばれる金融機関だけです。

QUICKやブルームバーグなどの情報ベンダー[3]を介して現物債の売買状況を知ることも可能ですが、ややタイムラグもあるため、一般の投資家が値動きをリアルタイムに見ることはできません。

それに対して、債券先物はネット証券などの情報ソースなどを利用すれば、東証上場の株価の動きと同様に比較的リアルタイムでのデータも入手しやすいと思われます。

機関投資家と呼ばれるプロの投資家も、債券の相場動向を知るために、債券先物の動きを常にチェックしています。

債券先物は、取引時間中には常に値が動いており、日経平均先物やドル円などと同様の流動性も備わっているからです。これにより、債券先物の値動きを見ることによって、債券相場の動向を読み解くことが可能です。しかし、それも日銀が物価目標達成のために抑え込んでいるのが現状です。

1 債券市場の動向を見るには債券先物の値動きを見るのがよい

2 現物で最も値動きがわかりやすいのは日本相互証券での売買動向

3 債券先物は比較的リアルタイムでのデータも入手しやすい

3 **情報ベンダー**／株式や為替、経済などに関する各種ニュース、世界の最新情報などを提供している配信元のこと。

第 5 章

債券先物市場の仕組み

5-1

デリバティブとは何か

デリバティブは「派生した」「派生物」といった意味があり、
金融業界では債券や株式といった「原商品」から「派生」した
「金融派生商品」という意味を持っています。

債券市場の参加者も常にチェックしている

デリバティブは主に先物・先渡・スワップ・オプションに分類できます。
先物取引とは、将来の一定期日に、今の時点で取り決めた価格で、特定の数量の、特定の商品の受渡をする契約のことです。これらの項目を定型化し取引所で取引しています。多くの参加者が一堂に会して取引するため、店頭ではなく取引所になじみやすい取引です。受渡期日前に最初の契約とは逆の契約（反対売買）をすることで、価格差による差金決済が可能となります。具体的な取引条件は、取引所が決定します。

たとえば、債券先物の大口取引で10億円分の債券先物を148円50銭で購入し、148円60銭で売却したとします。額面100円に対して10銭の利益、つまり0.1%分の利益となることで、額面10億円の0.1%分の100万円が利益となります（税金や手数料分などは除く）。

私が債券ディーラーだった時代（1986～2000年あたり）、10億円単位の売買はむしろ少額ともいわれており、100億円単位での売買も普通にありました（会社の規模やリスク管理などによって異なる）。

債券先物を100億円買って、目論見（もくろみ）通りには相場が動かず、債券先物が1円下落したとしましょう。そうなると100円額面の1円で1%、つまり100億円のポジションだと1億円の損失が発生することになるのです（税金や手数料分などは除く）。

債券先物は大手証券や銀行によるヘッジ目的などによる売買だけでなく、海外投資家による売買も活発化しており、流動性は非常に高いものとなっています。

債券先物の取引が行われている時間帯は、ドル円や日経平均先物などと同様に常に値が動いています。債券市場の動向は店頭売買が主流の現物の取引よりも、債券先物の動きを通じてつかみやすくなっています。

債券市場の参加者も、債券市場の動向を探るためにも、債券先物の価格を常にチェックしているのです。

先物以外のデリバティブ

先物取引以外のデリバティブも見ていきましょう。

先渡取引は、将来の一定期日に、今の時点で取り決めた価格で、ある商品の受渡を約束する取引です。先渡取引は店頭取引であるため、具体的な取引条件は、当事者間で自由に決められます。

スワップ取引は等価値のものを交換することです。たとえば、固定金利と変動金利を交換する金利スワップや、ドル建て債務と円建て債務を交換する通貨スワップなどがあります。

オプション取引は将来の一定期日あるいはその期日までの間に、ある商品（原資産）をあらかじめ決められた価格（権利行使価格）で、買い付けまたは売り付ける「権利」を売買する取引です。

4つそれぞれが個別に取引されているだけではなく、先物にオプションやスワップを組み込んだ商品が登場するなど、いろいろな組み合わせが可能です。

1 デリバティブは「派生した」「派生物」といった意味がある

2 デリバティブは主に先物・先渡・スワップ・オプションの4つ

3 4つの取引は、いろいろな組み合わせが可能

投資家のヘッジ手段として利用される

債券先物は日本初の金融先物取引

債券先物取引は日本初の金融先物取引です。江戸時代の堂島の米市場で行われていた先物取引を金融商品に応用した先物取引が米国のシカゴを中心に開始され、日本でも取り入れられたものです。

1985年10月、先物取引を開始

江戸時代の大坂堂島の米市場(こめいちば)で行われていた先物取引を参考にし、金融商品に応用した先物取引が米国のシカゴを中心に開始されました。

日本でも国債の価格変動リスクをヘッジする手段として、1982年頃から債券先物取引の導入機運が高まります。

こうして生まれた戦後初の金融先物市場が、1985年10月に東京証券取引所に上場された長期国債先物取引（債券先物取引）です。

1980年代の東京市場において、大量の金融資産を保有する機関投資家はその金融資産の価格をヘッジする手段が存在していませんでした。金融機関が最も大量に保有している金融資産は債券であり、とくに国債の保有額が増大していました。そして、海外では債券の先物が活況を呈していたこともあり、日本で最初に債券の先物取引が開始されることになったのです。

2014年3月からは東証・大証[1]のデリバティブ（金融派生商品）市場を集約した大阪取引所において債券先物は売買されています。

1 **東証・大証**／東京証券取引所・大阪証券取引所（現、大阪取引所）。

ヘッジ手段

先物取引の仕組み

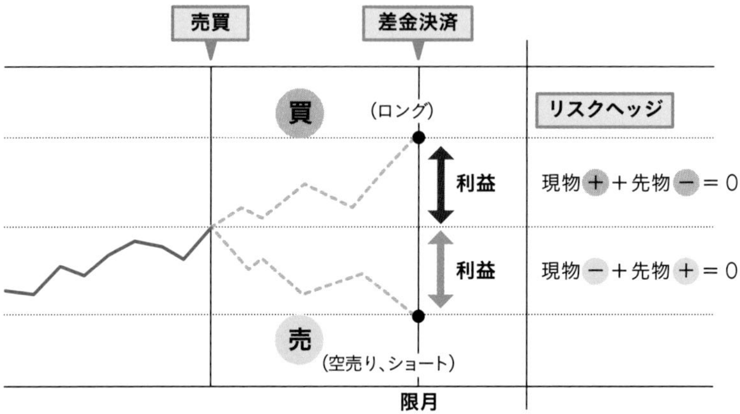

債券先物を利用することで、長期金利の変動によって発生する損失をある程度、回避できます。これをヘッジ取引といいます。

たとえば、長期金利が将来上昇する（つまり債券価格が下落する）と考えたとしましょう。その場合、保有する現物債券に損失が出る恐れがあります。しかし、利息収入を失いたくない、一時的な上昇にすぎない、ポートフォリオ[2]の構成を維持したいなどの理由から現物債券を売りたくはない投資家も当然多く存在します。

そこで、債券先物を売っておくのです。懸念した通り長期金利が上昇すれば、保有する現物債券の価値は下がるものの、売った債券先物を買い戻せば利益が出ているので、それによって損失をある程度は相殺できます。

現物（個々の銘柄）と先物の値動きが、常に同じ価格差で同期するわけではありません。したがってヘッジ取引でも多少の損益が出る可能性があります。ただし、基本的に同方向に動くので、ある程度は相殺でき

2 **ポートフォリオ**／資産構成のこと。

るはずです。

もし、予想に反して長期金利が下落すれば、売った債券先物では損が出ているものの、保有する現物債券の価値が上がっているので損失を相殺できます。つまり、長期金利が上昇しても下落しても、債券先物を利用することで、保有する債券の現時点の価値をある程度維持できることになります。

特別会員として銀行が参入

先物市場ができた1985年10月、債券先物においては、東京証券取引所会員の証券会社だけではなく、国債を大量に保有している銀行の参入が、特別会員という資格で認められました。

債券先物取引の対象債券には、「発行主体の支払能力が高くデフォルトリスク（債務の返済や利払いが行われなくなるリスク）が少ないこと」「発行量、残存が多く現物の取引が活発であること」「現物市場における価格情報が広く継続的に提供されていること」などが求められました。

これに合致するのは国債、なかでも当時は発行量が最も多く残存も多い10年の長期国債だったのです（日銀の指し値オペの登場で状況は変化してしまいましたが）。

1 長期国債先物取引（債券先物取引）が日本初の金融先物取引

2 債券先物を利用することで長期金利の変動による損失をある程度回避できる

3 債券先物取引の対象債券となったのが10年長期国債

5-3 債券先物の仕組み

長期国債先物取引で売買されるのは、額面100円、利率が6%で残存期間が10年の標準物と呼ばれる架空の国債です。売買の最低単位は1億円（ミニは1000万円）となっています。

取引期限が限月

債券先物の受渡日は、3月、6月、9月、12月の20日（休業日にあたるときは翌営業日）と決められており、この取引できる期限の月を限月（げんげつ）と呼びます。取引ができる限月は直近の3本です。したがって、取引最長期間は9か月となります。限月の取引最終日（納会日）は、各限月20日の5日前です（休業日は除外）。

取引限月が3か月刻みである理由として、日本の国債の利払いが半年ごとであったこと、さらに世界的に金融先物の限月は3か月刻みが標準となっていたことなどが挙げられています。

受渡日の最も近い先物限月のことを期近物（きぢかもの）（もしくは当限（とうぎり））と呼びます。受渡日が期近物よりも遠いものは期先物（きさきもの）と呼んでいます。

そして、出来高が最も多い限月を中心限月と呼びます。
海外の債券取引とは異なり、日本の債券先物は、取引最終日近くまで最も取引期間の短い期近物が中心限月となり、売買がここに集中するという特性があります。

取引最終日が近づくと中心限月が期近物から期先物に移行します。これは中心限月が移行（交代）したといいます。

債券先物の中心限月の移行は、正式にはナイトセッション（夜間取引）・前場（午前中の取引）・後場（午後の取引）のオークション取引[1]（つまり立会外取引除く）の出来高が逆転した翌営業日からになります。

売買単位

売買の最低単位は1億円（ミニは10分の1）、呼値[2]の単位（価格の最小単位）は額面金額100円につき1銭として裸相場で行います。裸相場とは、経過利子を含まない債券価格のことを示します。

債券先物は債券であるにもかかわらず、現物債のように主に利回りで売買されるのではなく、常に価格で売買されていることが特徴です。

通常の現物国債は1日経過すると、残存期間が1日減ります。残存期間が異なると同じ利回りから算出される価格が異なってしまいます。

これに対して、債券先物の標準物は、残存期間を常に10年、利率を6%に固定した架空の債券です。常に利率と残存年数（10年）が同じになるように作られているため、価格と利回りが常に一致します。

さらに売買単位や受渡期日などの取引条件も定型化しています。

債券先物の標準物を取引対象にすることで、対象銘柄を変更する必要がないし、個別銘柄の属性を意識することもありません。これによって価格の連続性が維持されます。

標準物

長期国債先物取引で売買されるのは、額面100円、利率が6%で残存期間が10年の標準物と呼ばれる架空の国債です。長期金利は理論

1 **オークション取引**／売りと買いの注文を成立させる取引（通常の売買）。

2 **呼値**／売買する際の価格の刻み幅のこと。

上、最低はゼロ%であり、最高だと無限大です。したがって債券先物は、利回りがゼロ%のときの価格である160円が天井となります。
ここで160円が天井になることは、61ページの利回りから債券価格を求める式で確かめることができます。利回り0%、表面利率6%、残存期間10年を式に当てはめて計算すると160円になります。利回りがマイナスにならない限りは計算上、160円が上限です。

6%という利率は、東証に債券先物が上場された1985年当時の長期国債の発行状況などを踏まえて決定されました。今では信じられないかもしれませんが、長期金利が6%という時代が本当にあったのです。

債券先物上場後、日本の長期金利は総じて低下傾向となり、標準物の利率は、実際に発行される10年債の利率と大きく乖離しました。
そこで、標準物の利率を引き下げようとの動きがありましたが、「標準物利率の引き下げによって表面利率が他の銘柄に比べ極めて低い銘柄が複数限月にわたり最割安銘柄になった場合における長期国債先物取引の流動性への影響に懸念がある等の理由により」（東京証券取引所『国債先物取引市場創設15周年を迎えて』より）、変更されずに現在に至っています。

10年という残存期間は、1985年当時の国債発行額のうち期間10年の国債発行量がたいへん多く、現在でも長期金利といえば期間10年の国債の利回りを指すように、国債の中心的な役割を占めていたためです。

その後、国債発行額が大幅に増加し、国債発行額全体に占める10年債の割合は相対的に低下してきています。それでも現物債の中では引き続き10年債が指標的な役割となっていることに変わりはありません。
だからこそ、日銀が指し値オペで長期金利コントロールのためとして、標的にしたのが10年国債の新発債と債券先物のチーペスト[3]であったの

3 **チーペスト**／債券先物の受け渡し適格銘柄のうちの最割安銘柄。

です。
　それはつまり、該当銘柄の流動性を奪うこととなり、日本の債券市場の流動性を奪うこととなりました。

1 債券先物の受渡日は、3月、6月、9月、12月の20日

2 額面100円、利率が6%で残存期間が10年の標準物を取引

3 売買の最低単位は1億円（ミニは1000万円）

差金決済と
現引き・現渡しの
2つの方法がある

5-4

債券先物の決済

債券先物の決済方法には2種類あります。
ひとつが差金決済です。
もうひとつが現引き・現渡しによるものです。

債券先物取引における差金決済は、有価証券の受渡しを行わずに、反対売買によって、売りと買いの差額の金銭の授受のみにより決済を行います。

売買最終日までに反対売買によって決済されなかった取引は、受渡決済期日（各限月20日）に、現物国債の受取や引渡しによって決済する仕組みになっています。たとえば、10億円の債券先物の買い手は受渡決済期日に額面10億円分の国債をお金を出して引き取り、売り手は持っている（もしくは別途手当した）額面10億円分の国債を渡す必要があるのです。これは日経平均先物などにはない決済方法です。

債券先物の売り方は手持ちの現物国債を引渡し、代金を受け取ります（現渡し）。これに対して、買い方は代金を支払うことによって現物債を引き取ります（現引き）。

受渡適格銘柄

この決済の対象となることのできる現物国債には条件があり、この条件を満たすものを受渡適格銘柄（うけわたしてきかくめいがら）と呼んでいます。

長期国債先物の場合における受渡適格銘柄とは、受渡決済期日に残存期間が7年以上である10年利付国債です。債券先物は標準物という架空の債券の取引となっているため、この標準物と受渡適格銘柄の価値が同一となるような交換比率（コンバージョン・ファクター、CF）を求める必要が出てきます。

コンバージョン・ファクターは、一定の前提をおいて複利方式により求められる標準物の将来価値を基準として、個々の受渡適格銘柄の将来価値を比較することによって算出されます。そして標準物を1としたときの受渡適格銘柄の決済日における現在価値で表されます。

チーペスト

現物の決済ができるため、債券先物の価格はこの受渡適格銘柄の中で、最も割安なもの（チーペスト）に連動します。コンバージョン・ファクターの大小は、利率と残存期間によって決定されます。

債券の利回りが架空の債券の利率6%よりも低い場合、利率が高くて残存期間が短い債券ほどコンバージョン・ファクターが大きくなるため、チーペストになりやすくなります。つまり残存7年の10年国債がチーペストになるケースがほとんどとなります。ただし、利率が異なると例外も出てきます。

逆に、債券の利回りが6%よりも高い場合（当分、そういった利率は考えづらいので、仮にそういった利率が出てきた際には）、利率が低くて残存期間が長い債券ほどコンバージョン・ファクターが大きくなるため、チーペストになりやすくなります。

このように債券の利回りが仮想債券の利率6%よりも低い場合には残存期間が最も短いもの、つまり7年残存の国債が多くなります。このため、長期国債先物取引は10年国債の先物取引ですが、実際には残存10年の国債でなく残存7年の国債（チーペスト）に連動します。

2022年6月15日に、日銀は10年物国債を0.25%の固定利回りで無制限に買う「指し値オペ」の購入対象に新たに10年債残存7年の356回債を加え、債券先物価格に連動するチーペストを対象に加えたのです。

ベーシスリスク

現在の金利水準では残存7年の国債の価格に連動してしまうため、10年国債のヘッジを先物取引によって行うには、ベーシスリスクという期間によって動く幅が異なってしまうリスクが生じます。

たとえば10年国債を入札する際に、債券先物を売って価格が下落するリスクを抑えることができます。しかし、現物債のレポ市場が整備されたことで、レポが使われるようになりました。

債券先物は残存7年のチーペストに連動しますが、新発10年国債は残存10年で期間のミスマッチが起きます。それに対し、レポで10年国債を借りて売ることで、ヘッジが期間を一致させて可能となるのです。

また10年債に限らず、20年債や30年債の入札にあたっても、期間のミスマッチはあるものの、流動性が高い債券先物でヘッジ売りをするケースも多かったのですが、日銀によるチーペストへの指し値オペなどによって、先物と現物債の連動性が薄れ、裁定が働かなくなるなどしたことで、超長期債の入札にまで支障が出るケースも出てきました。

1 債券先物の決済には差金決済と現引き・現渡しがある

2 決済の対象となることのできる現物国債が受渡適格銘柄

3 その中で最も割安なチーペストに債券先物価格は連動する

統計的手法によりその額が決まる

5-5 先物取引に必要な証拠金

債券先物を取引するにあたっては
証拠金が必要となります。2023年11月からは
その計算方式がVaR方式に変更される予定です。

SPAN証拠金

投資家が債券先物の取引をする場合、証券会社に先物・オプション取引口座を設け、取引を行った日の翌日までに証拠金[1]を差し入れる必要があります。

証券会社に預けられた証拠金は、取引証拠金として証券会社を通じて、日本証券クリアリング機構（JSCC）に預託[2]されます。

投資家の証拠金所要額については、JSCCがSPAN（Standard Portfolio Analysis of Risk）で算出した証拠金所要額以上となる範囲で、各証券会社が独自に設定しています。また、当該証拠金の差入方法についても各証券会社が独自に定めているため、**債券先物の取引を行うときには各証券会社の証拠金規定を確認しておく必要があります。**

SPAN[3]とは、1988年にシカゴ・マーカンタイル取引所（CME）が開発した証拠金計算システムです。過去の値動きの変動性から、多種多彩なリスクシナリオを想定し、市場に残るポジションが翌日どれだけのリスクにさらされているか統計学的に算出する方法です。

1 **証拠金**／約束の履行を確実なものにするために、取引の当事者が差入れる一定の金額。

2 **預託**／金銭または有価証券を一時的に預けること。

3 **SPAN**／SPANのデータはJSCCのウェブサイト（http://www.jscc.co.jp/index.html）で確認できる。

証券会社などの清算参加者は、投資家から差し入れられた証拠金を自己が保有する金銭または有価証券に差し換えてJSCCに預託できます。この場合、投資家が証券会社に差し入れた証拠金は「委託証拠金」として取り扱われます。

清算参加者がJSCCに預託する証拠金には、自己取引にかかる取引証拠金と、この委託取引にかかる取引証拠金があります。

VaR方式

2023年11月6日より、JSCCにおける証拠金の計算方式は、債券先物などの上場デリバティブ商品を対象に、現在のSPANからVaR方式に変更される予定となっています。

VaR方式とは過去の一定期間の株価・金利・為替などの変動データに基づき、将来のある一定期間（保有期間）のうちに、ある一定確率（信頼水準）で発生する可能性がある最大損失額（リスク量）を統計的手法によって推計する方式のことです。

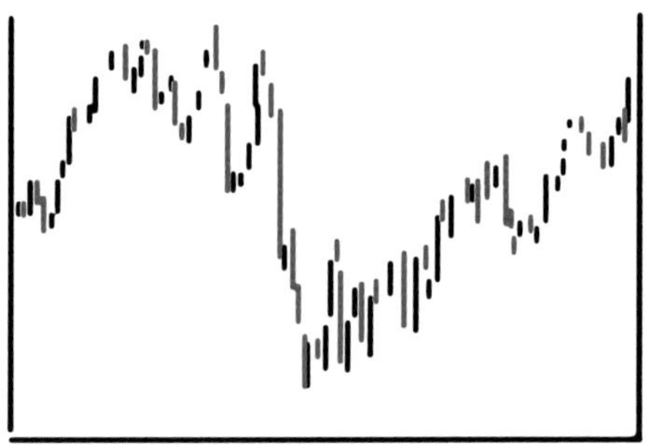

1 投資家が債券先物の取引をする場合、証拠金が必要

2 証券会社に預けられた証拠金は、日本証券クリアリング機構に預託

3 SPANにより計算している証拠金はVaR方式に変更する予定

第6章

国債に関わる財務省と日銀の本来の役割

財務省の国債企画課と国債業務課の仕事

国債の発行や管理などを担当しているのが財務省です。なかでも理財局にある国債管理課と国債業務課が、国債に関する仕事を担当しています。その業務と役割を見ていきます。

国債の管理政策を行う理財局内の2部署

日本において、国債の管理政策を担当しているのが財務省です。金融という枠組みの中で、国の予算や資金の流れ、政府の歳入の大きな位置を占めている税金、そして国債や為替取引などを通じて、国政に深く関わっています。

財務省の部局には、大臣官房、主計局、主税局、関税局、理財局、国際局があります。

そのうち、国債に関する業務を行っているのは理財局です。理財局は「国庫制度、国債・地方債・貨幣の発行、財政投融資、国有財産に関わる業務、たばこ事業や塩事業[1]、日本銀行の業務・組織の適正な運営の確保等」などの業務を担っていて、国債企画課と国債業務課が中心となり、国債に関する仕事を行っています。

国債企画課は、国債制度に関する企画立案、国債市場のインフラ整備、国債市場調査および新商品開発、公的債務のディスクロジャー[2]、国債に関する広報、国債関係法令の企画立案、国債整理基金の管理運用、公的債務のリスク分析・管理などを行っています。

国債業務課は、国債市場との調整、国債による資金調達、政府短

1 **たばこ事業や塩事業**／かつて国が専売しており、大蔵省（現財務省）が取り扱っていた。理財局が管轄しているのは、たばこに関する租税が財政収入において大きな位置を占めていたことなども理由か。

2 **ディスクロジャー**／内容を明らかにして示すこと。

期証券による資金調達、借入金による資金調達、政府保証の保証契約、個人向け国債の普及、交付国債、買入消却等の債務調整などを行っています。

2003年に新設された国債担当審議官

2003年からは国債管理体制を強化整備するために国債担当審議官が新設され、国債課と国庫課を所掌しています。

理財局の組織構成

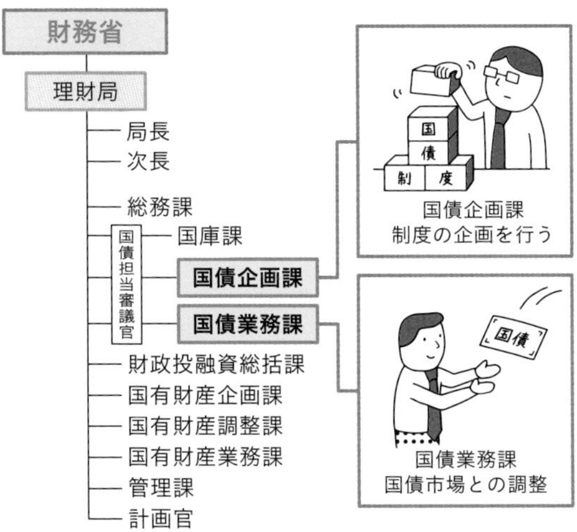

1 国債の管理政策を行っているのが財務省の理財局

2 理財局には国債企画課と国債業務課がある

3 国債管理体制を強化整備するために国債担当審議官が新設

62

国債管理政策とは何か

国債の発行・消化を円滑に行い、国から見た資金調達コストを抑えようというのが、国債管理政策です。
国債の信用力も重要な要素となってきます。
ここでは国債管理政策の役割を確認していきます。

国債相場の急変を回避し安定を図る

国債の大量発行が続いていることで、発行残高は膨らんでいます。それでも国債が円滑に発行され続けているのは、財務省による国債管理政策が機能していることも大きな要因です。

国債の発行・消化を円滑に行い、国から見た資金調達コストを抑えようというのが、国債管理政策です。

国債は金融市場にとって中核的な「金融商品」のため、円滑に市場で取引されることが求められます。国債の流動性が高まれば、投資家は購入しやすくなり、国債の安定消化にプラスに働くことになります。

そのためには、国債発行に対する不確実性をなくすことが重要です。市場では、予測可能なものに対しては、悪材料であっても、それを織り込んで相場が形成されるため、急激な変動を回避することが可能です。

一方で、予期していなかった事柄が起きた際には、急激なポジション調整（101ページ）が発生し、相場が急変するリスクがあります。それをなるべく防ぐことが、国債管理政策においては、重要な役割になります。

国債発行を円滑に行うことだけが、国債管理政策の目的ではありま

1 **物価連動国債**／元金額が物価の動向に連動して増減する国債。

2 **ストリップス債**／利付債の元本部分とクーポン（利子）部分を切り離しそれぞれをゼロクーポンの割引債として販売する。

せん。もう少し広い意味でいうと、**国債そのものの信用力を維持させる**ことも重要な要素です。

日本国債は日本の金融資産の中では最も信用力の高い資産です。投資家は発行体の信用力に応じた対価を求め、一般的に信用リスクが高いほど債券などの利回りは高くなります。つまり、国債を使うことで国は低コストで資金を調達できることになります。ただし、信用力を失えばそれはコストに跳ね返ってきます。また、国債の安定的な発行そのものができなくなってしまう恐れもあるのです。

政策の具体例（償還期限の多様化など）

国債発行量の増加に伴い、10年国債主体の発行から償還期限の多様化も進められました。1999年9月からは30年国債が発行され、2000年2月から5年国債の発行が開始されました。この年の6月には15年変動利付国債の公募入札が開始され、2004年3月から物価連動国債[1]の発行が開始、さらに2007年11月には40年国債の発行も開始されました。個人向け国債の発行も2003年3月にスタートしています。

国債に関わる税制の変更に加え、国債発行におけるリ・オープン（即時銘柄統合）方式の導入（2001年3月、詳細は82ページ）、国債ペーパレス化（2003年1月、詳細は46ページ）、ストリップス債[2]の導入（2003年1月）、国債バイバック[3]の開始（2003年2月）、国債WI[4]（入札前取引）の開始（2004年2月）や、度重なる入札結果発表時間の繰上げをするなど、いろいろなかたちで国債管理政策は進められてきました。

1 国債管理政策とは国債の発行、消化を円滑に行うこと

2 国から見てなるべく資金調達コストを抑えること

3 そのためには国債そのものの信用力維持が重要

3 **バイバック**／財務省が国債の発行ではなく、国債を買い入れる措置。

4 **WI**／When-issued取引のこと。発行日の前日以前に約定を行い、決済を発行日以後に行う取引。

63 市場との対話

2004年10月、日本版プライマリー・ディーラー制度ともいわれる「国債市場特別参加者制度（通称、PD懇）」が発足しました。国債管理政策にとって重要な「市場との対話」のための制度です。

国債市場の動向をつかむ

大量に発行されている国債のほとんどは、入札を通じて市場に出回っています。過去にあった国債引受シンジケート団は廃止され、財務省の資金運用部による引き受けもすでに行われていません。

金利の自由化などに加え、国債発行額そのものが大きくなり、債券市場の整備も進みました。各金融機関などによる国債の半強制的な引き受けからの脱却は、時代の流れに即したものでした。

国債は市場で消化されている以上、安定消化させていくためには、市場参加者の動向をつかむことが重要です。また、市場参加者にとっても、国債の発行体である財務省から直接情報を得ることが重要視されます。国債の発行などについて、市場参加者と財務省が対話を図り、情報を共有しながら進めていくことで、少なくとも国債発行計画の発表によって市場が動揺するような場面はなくなります。

国債管理政策においてとくに重要となるのが、この市場との対話です。財務省は、市場との対話を密に行うことにより、市場でのネガティブ・サプライズ[1]を避け、国債管理政策をうまく進めているのです。

1 **ネガティブ・サプライズ**／市場にとってはよくない材料となるサプライズ。

市場との対話の場

市場との対話の場として、2000年9月から「国債市場懇談会」が開催され、2002年4月から「国債投資家懇談会（通称、投資家懇）」、2004年10月には国債市場懇談会に代わって「国債市場特別参加者制度（通称、PD懇）」が発足し、2004年11月から「国の債務管理の在り方に関する懇談会（通称、（在り方懇））」、2007年6月から「国債トップリテーラー会議」が開催されました。それぞれ、次のような取り組みです。

・国債投資家懇談会……国債の消化をより確実かつ円滑に行っていくと同時に、国債市場の整備を進めていくために、国債の投資家と財務省が直接・継続的に意見交換をする場として整えられました。参加するのは都銀、地銀、生保、損保、投資信託など主要な機関投資家となっています。
・国債トップリテーラー会議……個人向け国債の募集取扱を積極的に行っている金融機関と総務省が、個人に対する国債の販売のさらなる推進のため、相互に意見を交換する場として活用されています。参加メンバーは個人向け国債を販売している証券会社や銀行です。

なお、「国の債務管理の在り方に関する懇談会」は、2021年6月をもって廃止されました。これに変わって「国の債務管理に関する研究会」が2022年6月から発足しています。早稲田大学の小枝淳子教授ら5人で構成される、国の債務管理を議論するための有識者会議です。

1 市場との対話として「国債市場特別参加者制度」が発足

2 2002年4月から「国債投資家懇談会」なども開催される

3 「国の債務管理に関する研究会」が2022年6月から発足

64 債務管理制度

債務管理に関わる制度を確認していきます。
とくに建設国債と赤字国債を60年かけて償還する
60年償還ルールは日本の国債を理解するうえで重要です。

国債整理基金の流れ

一般会計[1]および特別会計[2]で発行されるすべての国債の償還は、「国債整理基金」を通じて行われています。国債整理基金は、国債の償還や借換を円滑に行うために設置された基金です。

国債や借入金等の償還および利子等の支払いといった国債整理基金の経理を、一般会計とは区別するために、「国債整理基金特別会計」が設置されています。一定のルールの下、各会計から国債整理基金特別会計に償還財源の繰入れを行う仕組みになっています。

国債整理基金特別会計において発行する借換債の発行収入金や、国債整理基金特別会計に所属する政府保有株式の売却収入なども、償還財源として国債整理基金に受け入れられます。

そして、一般会計において発行された国債の償還や利払いは、一般会計からの繰入資金を財源として、国債整理基金特別会計から行われます。すべての国債の償還は、国債整理基金を通じて行われるというのは、こういうことです。

国債の管理を理解するために、知識として覚えておいてください。

1 **一般会計**／国の会計は毎会計年度の施策を通観できるよう、単一の会計（一般会計）として経理する。

2 **特別会計**／一般会計とは別に会計を設け（特別会計）、特定の歳入と特定の歳出を一般会計と区分して経理する場合もある。

国債整理基金特別会計を通じたお金の流れ

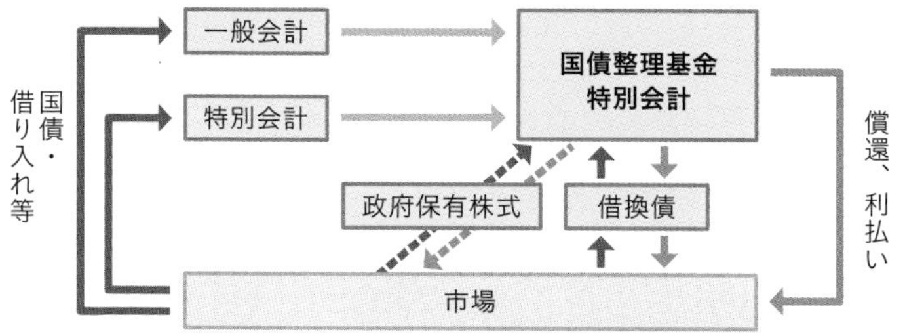

発行根拠となる法によって異なる償還方法

国債の償還にあたっては、それぞれの国債の発行根拠となる法に従って、償還のルールが定められています。

日本の場合、建設国債と特例国債の償還については、借換債を含め、全体として60年で償還し終えるという、「60年償還ルール」の考え方が採られています。

たとえば、ある年度に6兆円の国債をすべて10年利付国債で発行したとします。発行されてから10年後の満期到来時には、6兆円のうち1兆円を現金償還し、残りの5兆円については借換債を発行します。

60年償還ルール

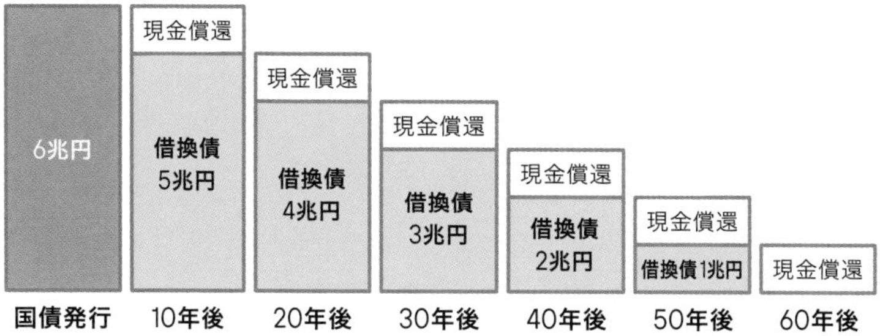

この5兆円の借換債も10年利付国債で発行したとすれば、さらに10年後にそのうち1兆円を現金償還し、残りの4兆円は再度借換債を発行します。

これを繰り返していくと、当初の発行から60年後にはこの10年国債は全て現金償還されることになります。

流動性供給入札と国債の買入消却

債務管理に関わる制度として、「流動性供給入札」と「国債の買入消却」があります。

●流動性供給入札

過去に発行した国債を追加発行するものです。構造的に流動性が不足している銘柄や、需要の高まりなどによって一時的に流動性が不足している銘柄を追加発行します。

国債取引の円滑化と国債市場の歪みを解消することが期待されます。国債市場の流動性を維持・向上させることで、財務省は、国債市場の安定化を通じた調達コストの抑制を図っています。

●国債の買入消却

国債の発行者である財務省が、発行済み国債の償還期限の到来前に、売却の意思をもつ保有者から国債を買い入れ、消却[3]し、債務を消滅させることをいいます。市場からの買入消却の入札方式は、希望価格較差・コンベンショナル方式[4]が採用されています。

1 国債の償還や利払いは、国債整理基金を通じて行われる

2 国債整理基金は特別会計のひとつ

3 建設国債と赤字国債は60年掛けて償還する

3 **消却**／債務などを返すこと。債券を満期前に買い取って減債することを、買取消却という。

4 **希望価格較差・コンベンショナル方式**／当局が事前に買入予定額を明らかにした上で、国債市場特別参加者を入札参加者とする。

日銀による本来の国債に関する業務

この項目では日銀と国債の関係について見ていきます。
日銀の担う「政府の銀行」という役割に国債業務が絡んでいます。
国債に関する業務には、国債発行や国債元利金の支払いなどについての事務があります。

日銀は政府の銀行

まず日銀の役割について確認しておきます。日銀は、紙幣（日本銀行券）を発行することができる「発券銀行」の役割、最後の貸し手[1]として機能する「銀行の銀行」の役割、そして政府からの預金を受け入れ、政府の資金を管理する「政府の銀行」の役割を持っています。

日銀の3つの役割

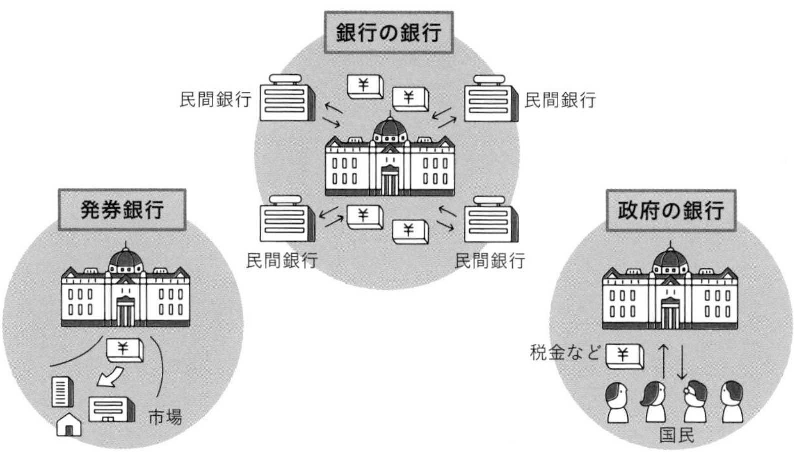

1 **最後の貸し手**／金融機関に経営危機が生じた際、金融秩序を維持するため、救済資金を融資する役割をもつため、中央銀行はこのようにいわれる。

このうち「政府の銀行」という役割に、国債の業務が関係しています。政府は日銀に当座預金口座を持っており、日銀は国の資金を政府預金として預かっています。こうした国の資金は国庫金とも呼ばれます。日銀は、国庫金の出納事務（国庫金の受入れには税金や保険料など、支払いには年金や公共事業費などがあります）や、外国為替に関する事務（外国為替平衡操作[2]）、国債に関する事務（国債の発行・流通・利払い・償還など）などをこの当座預金口座を通じて行っています。

日銀の国債に関する業務には、国債の「発行」に関する事務（国債の入札の通知や応募の受付、払込金の受入など）に加え、国債の登録や保管、振替決済に関する事務、国債元利金の支払いに関する事務（国債の利払いや償還など）があります。

こうした日銀の行う国債に関する業務については、日銀法の第36条などにより定められています。

> 日本銀行法　第36条
> 国の事務の取扱い
> 　日本銀行は、我が国の中央銀行として、法令で定めるところにより、通貨及び金融に関する国の事務を取り扱うものとする。
> 　2　日本銀行は、前項の規定により国の事務を取り扱う場合には、第33条第1項に規定する業務のほか、その取扱いに必要な業務を行うことができる。
> 　3　第1項の国の事務の取扱いに要する経費は、法令で定めるところにより、日本銀行の負担とすることができる。

2 **外国為替平衡操作**／中央銀行などの通貨当局が、自国通貨の安定を目的として外国為替市場で取引を行うこと。為替介入。

日本銀行代理店

日銀は国庫金についての事務で、一般の国民や企業、国の官庁などに幅広く関わり、扱う取引の種類や件数も膨大です。そのため、全国の民間金融機関や日本郵政公社に、国庫金受払いの代理店業務を委嘱しています。

これらは日本銀行代理店と呼ばれ、国庫金の大半は、こうした日本銀行代理店を通じて受払いが行われています。

この代理店にはいくつかの区分けがあります。

●**一般代理店**……国の官庁と取引を行い、国庫金の受入・支払いや国債の元利金の支払いなどの事務を取扱います。

●**歳入代理店・歳入復代理店**……国庫金（歳入金・国税）の受入のみを専門に取扱う代理店です。

●**国債代理店・国債元利金支払取扱店**……国債の元金や利子の支払いなどを専門に取扱う代理店です。

1 日銀は政府の資金を管理する政府の銀行としての役割をもつ

2 日銀には国債の発行に関する業務がある

3 日銀は国債元利金に関する事務を行っている

056

日銀の金融政策と国債との関係

日銀が2016年9月にイールドカーブ・コントロールを導入した結果、
物価などに応じた長期金利の上昇を無理矢理抑え込み、
発行額以上の10年国債を
日銀が購入するという事態が発生しました。

日銀の金融政策

日本銀行の金融政策運営の基本方針は金融政策決定会合で決まります。この金融政策の大きな目的が、物価の安定です。

日銀は2013年1月に「全国消費者物価指数[1]の2%上昇」という物価目標導入を決定しました。物価目標が具体的な数字で示されたのです。

2%を目標とした理由について、「欧米の中央銀行などが2%を目標としており、グローバルスタンダードである」との説明がありました。

しかし、日本でも本当に2%が妥当なのかについては、さまざまな説が出ており、意見が分かれています。

金融政策会合では、金融経済情勢に関する検討を行い、金融市場調節の方針を決定後、ただちにその結果を公表しています。その方針を実現するために、日銀では日々の金融調節の金額や方法を決定し、資金の総量（マネタリーベース[2]）を調整しています。

たとえば、資金が必要な銀行と余剰資金を持つ銀行は、銀行間で資金のやり取りを行っていますが、資金をやり取りした結果、銀行全体が資金不足となり、金利が上昇しそうになるようなことがあります（資金の需給バランスで金利は動く）。こうした場面で、日銀は資金を供給して金利

1 **全国消費者物価指数**／いわゆるインフレ率と呼ばれるもののひとつ。ただしニュースなどでインフレ率と呼ばれるものにはほかにも企業物価や消費者物価、GDPデフレーターなどがあるので注意。

2 **マネタリーベース**／紙幣・貨幣の発行高（流通現金）と、日銀の当座預金残高の合計。

を低下させるなどの調節を行っています。こうした調整をオープンマーケットオペレーション（公開市場操作）ともいいます。

しかし、2013年4月の日銀による量的・質的緩和政策の導入によって、これまでの金融政策が様変わりしてしまいました。日々の資金調節よりも国債の利回りを押さえ付けるための調節のほうが注目されるなど、状況が大きく変わってしまったのです。

2023年3月現在の日銀の金融政策の調節目標は下記となっています。

短期金利：日本銀行当座預金のうち政策金利残高に▲0.1％のマイナス金利を適用する。
長期金利：10 年物国債金利がゼロ％程度で推移するよう、上限を設けず必要な金額の長期国債の買入れを行う。

日銀の短期金融市場[3]の資金量の調節によって形成された短期金利が、債券市場で決定される長期金利などにも影響を及ぼし、金融機関が企業や個人に貸出す際の金利などにも影響を与えることで、物価や経済活動全般に影響を与える、というのが教科書的な金融政策でした。

ですが、日銀は2016年9月にイールドカーブ・コントロール（YCC）を導入し、本来であれば市場で形成されるはずの長期金利をもコントロール下に置いてしまったのです。

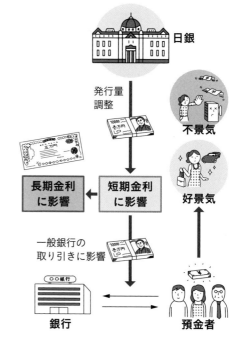

3 **短期金融市場**／1年以内の短期の資金のやり取りを扱う市場。

イールドカーブとは、短期金利と長期金利を結んだ曲線（64ページ）のことで、イールドカーブ・コントロールとは、短期金利と長期金利それぞれに目標値を設定し、誘導していくことです。一般に、短期金利は日銀の政策金利、長期金利は通常、10年国債の利回りとなります。

本来は金融調節手段としての国債の買い入れ

日銀の金融調節手段のひとつに国債の買い入れがあります。日銀は財政法の第5条により国債の引受（財務省から購入）を禁止されていますが、金融調節のひとつとして国債の買い入れ（市場から購入）を行っていました。

しかし、2016年9月にイールドカーブ・コントロールを導入した結果、長期金利をゼロ％程度で推移するよう、上限[4]を設けず必要な金額の長期国債の買い入れを行うこととなってしまいました。これにより国債残存額の半分以上を日銀が保有することとなり、10年新発債に対して無制限連続[5]の指値オペを行い、空売りが可能となったことで発行額以上を吸い上げてしまうなど、異様な政策へと転じてしまったのです。

日銀による長期金利の調整

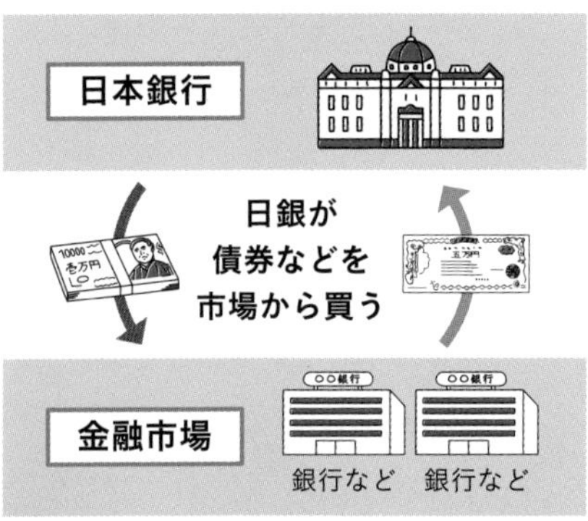

1 日銀の金融政策の大きな目的となっているのが物価の安定

2 2013年1月、物価目標を2%とする

3 その目標達成のために長期金利をもコントロールすることに

4 **上限**／保有残高の増加額が年間約80兆円までといった制限を設けていたが、形骸化していった。

5 **無制限連続**／金額無制限（発行額による限度はある）で毎営業日連続、つまり市場が開いている日すべて。

ゼロ金利を目標に繰り返される緩和政策

日銀による非伝統的な金融政策

日銀の金融政策は、さながら非伝統的手段の実験場のようになっています。その実験のひとつが2016年1月のマイナス金利政策、そして同年9月の長期金利コントロールでした。

非伝統的手段の実験場

伝統的な金融政策は、政策金利を上げ下げすることにより、物価や経済活動に影響を与えようとするものです。しかしその政策金利を実質的にゼロまで引き下げてしまった場合、さらに別の手段を講じる必要が出てきます。これを非伝統的な手段と呼び、それまでのプラスの金利のなかでの政策金利の上げ下げと区別しています。

非伝統的な金融政策手段については、世界の中央銀行のなかで日銀が先駆者ともいえます。1999年に始まったゼロ金利政策（日銀の短期政策金利である無担保コール翌日物[1]金利をゼロに誘導する）は、2000年にいったん解除されましたが、2001年には非伝統的な手段として量的緩和政策が決定されます。市場に供給する資金の量を増やすこと自体を目標を置いたのです。これにより、政策目標がこれまでの無担保コールレート翌日物（短期政策金利）から、日銀当座預金残高（民間銀行が日銀の当座預金に置く資金量）に変更されることになりました。

この量的緩和政策は2006年に解除され、ゼロ金利政策も解除されました。一度は金利を目標とする伝統的な手段に戻されたのですが、2010年の包括緩和政策[2]などを経て、2013年には量的・質的緩和策に

1　**無担保コールレート翌日物**／金融機関同士で、今日借りて明日返すといったような1日で満期を迎える短期の、担保を預けずに行う取引。この金利が日銀の短期の政策金利となっている。

2　**包括緩和政策**／事実上のゼロ金利政策と、国債などを購入する資産買い入れ基金の創設が柱。

より、政策目標がマネタリーベース（流通現金と日銀当座預金の合計）に変更されました。また量に目標を移したのです。流通する現金の量を加えているのは、過去の量的緩和と差別化を図ろうとしたものと思われます。

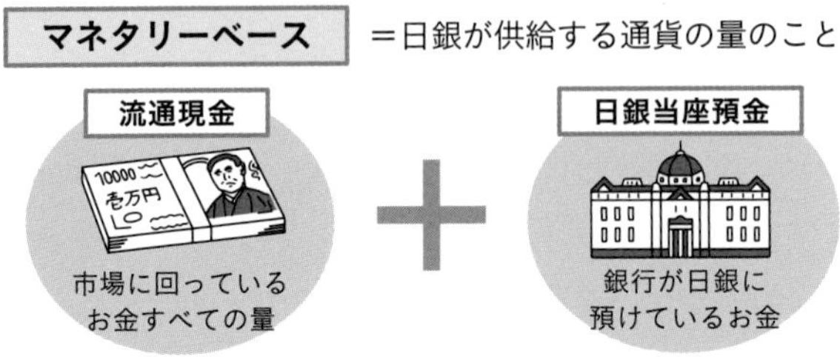

これ以降の日銀の金融政策は非伝統的手段の実験場のようなことになりました。そのひとつが2016年1月のマイナス金利[3]付き量的・質的緩和の導入決定です。日銀当座預金にマイナス0.1%の金利を適用したのです。すでに欧州などでマイナス金利政策が導入されており、日銀も新たな緩和策としてマイナス金利政策を導入しました。

この影響を受けて日銀の短期政策金利もマイナスとなり、国債利回りの低下も促すことになりました。一時、10年国債の利回りまでマイナスとなる場面もありました。

預金の一部を国債で運用していた銀行にとっては収益悪化につながりかねない事態であり、金融業界が猛反発します。同じ年の9月に、今度は長短金利操作付き量的・質的金融緩和を決定しました。長期金利を操作目標に置いたのです（イールドカーブ・コントロール）。極めて異例といえるものでした。

金利を操作し、金利観にも影響を与える

本来の日銀の金融政策は、あくまで短期金利に働きかけることによって、長期金利にも影響を与えようとするものです。短期金融市場は日

3 **マイナス金利**／預金者が金利を支払うことになる。日銀の当座預金に適用することで、金融機関が日銀に資金を預けておきにくくし、企業への投資などに資金を向けようとした。

銀の資金調節によって直接影響を与えることができます。これに対して長期金利は市場で決定されるものであり、日銀はコントロールできないのが原則となっていました。

2001年の量的緩和の際には国債の買い入れ増額などもありましたが、主に短期金融市場に資金を供給することが主目的でした。しかし、2013年の量的・質的緩和政策では主に大量の国債を買い入れることで資金を供給し、マネタリーベースを大きく増加させることが主目的となりました。

これは債券市場に直接影響を与え、国債の需給がタイトとなることで一層の長期金利の低下、イールドカーブ全体の引き下げを促すことになりました。そして2016年1月に決定したマイナス金利政策により、今後さらに政策金利が引き下げられる可能性が意識され、債券のイールドカーブ全体が下がることとなりました。結果、10年を超える国債の利回りもマイナスとなったのです。

日銀は大量の国債買入による影響もあり、国債買入というオペレーションを通じた長期金利のコントロールも可能だとの結論に達したものと思われます。日銀はあらかじめ指定した金利で買い入れを行うという、いわゆる指し値オペも導入し、長期金利の上昇を抑制するようなことを始めています。短期金利と長期金利を操作することで、イールドカーブの形状を変化させて、市場参加者の金利観などに影響を与えることで、物価や経済活動にも影響を与えようとするものです。

1 非伝統的な金融緩和の実験場と化した日銀

2 マイナス金利政策への批判から長期金利コントロールへ

3 指し値オペも導入し、長期金利の上昇を抑制

6-8

イールドカーブ・コントロール（YCC）における問題点

ここまでにも触れた長短金利操作の問題点を整理しておきます。
そもそも、日銀が市場で形成されるべきものとしていた長期金利を、
コントロール下に置くことそのものに無理がありました。

スティーブ化により運用の問題を解消

日銀は2016年9月21日の金融政策決定会合において、「長短金利操作付き量的・質的金融緩和」と名付けられた金融政策の新しい枠組みの導入を決めました。

これは長短金利の操作を行うイールドカーブ・コントロール（YCC）と、消費者物価指数の上昇率実績値が安定的に2％を超えるまで資金供給拡大を継続する「オーバーシュート型コミットメント」を柱としています。

この金融政策の導入時、日銀は当座預金残高の一部に課すマイナス0.1％という政策金利は据え置きました。銀行などの金融機関から批判を受けて、マイナス金利の深掘りは避けたとの見方もできるかと思います。

この際に日銀が新たに設定したのが、長期金利の目標数値です。10年国債利回りが概ね現状程度（ゼロ％程度）で推移するよう、長期国債の買い入れを行うとしました。

日銀が決定した新たな枠組みにおける最大の問題点となるのが、この長期金利を含めたイールドカーブ・コントロールです。2016年1月に決定した日銀のマイナス金利政策は、金融機関のトップからも批判が出るなど評判がよくないものとなりました。利ざやの縮小によって金融機関

の収益への悪影響が懸念されていたためです。これを解消する手段としてイールドカーブのスティープ化が（カーブが右肩上がりになる）意識されたものと思われます。

スティープ化することで、より長い期間の国債の利回りが上昇し、機関投資家が利回りで稼ぎやすくなります。

国債利回りのマイナス化によって資産運用にも大きな支障が出ていました。MMF[1]の償還などがその大きな事例となっていましたが、それもイールドカーブをスティープ化させることにより、多少なり解消させることも意図していた可能性があります。

長期金利コントロールの成功

そもそも日銀は長期金利を操作できないとしていました。以前、日銀のサイト内にある「日本銀行の金融調節を知るためのQ&A」というコーナーでは、次のように説明していました。

> 金利は期間が長いほど、将来のインフレなどの経済情勢に関する予想（高いインフレを多くの人が予想すると長期金利は高くなります）や将来の不確実性（不確実性が強いと、リスクプレミアムと呼ばれる資金の貸し手が要求する上乗せ金利が拡大し、やはり金利は上がります）に左右されます。しかし、中央銀行は、人々の予想や将来の不確実性を思いのままに動かすことはできません。
>
> また、このような期間の長い金利の動きから、市場参加者が将来のインフレ情勢等に関しどのような予想を持っているかを読み取ることも、金融経済の状況を判断するうえで非常に重要です。
>
> つまり、中央銀行が誘導するのに適しているのは、ごく短期の金利なのです。期間が長い金利の形成は、なるべく市場メカニズムに委ねることが望ましいのです。（日銀のサイトより引用）

1 MMF（Money Management Fund、マネー・マネジメント・ファンド）／公社債などを投資対象とする投資信託の一つ

これについて黒田元日銀総裁は、リーマンショック後に日米欧の中央銀行が大量に国債を買い入れることで長期金利を低位に誘導できたことや、日銀のマイナス金利政策で国債のイールドカーブが大きく押しつぶされたことで、日銀がある程度長期金利の操作が可能だと指摘しました。

日銀の金融政策と長期金利

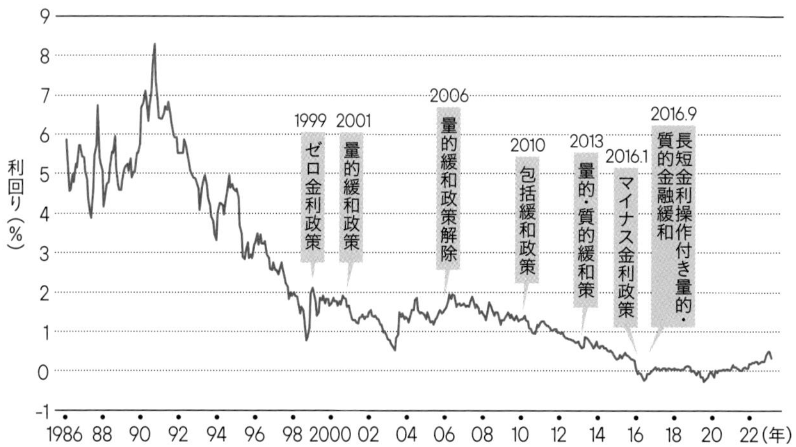

結論からいえば、その後の長期金利の動きを確認する限り、できないとされていた長期金利のコントロールに日銀は成功しているとみえました。

そもそも国債の金利が自由化されたのは1980年代に入ってからのことです。それまで、長期金利は市場ではなく政府によって決められる格好となっていました。これは、当時の国債の残存額がそれほど多くなく、流動性に乏しかったため、銀行を中心とした引受シンジケート団（57ページ）や資金運用部に引き受けを依存していたからです。

さらに時代を遡れば、戦前から戦中の国債金利も、政府のコントロール下に置かれていました。

国債の価値を損なう緩和政策

この過去の例に対して、日銀が長期金利の操作を始めた頃には日本国債の発行量は多く、長期金利を簡単にコントロールし続けることができるとは思われていませんでした。結果として成功したようにみえましたが、日銀の異次元緩和と結果的に物価が上がらなかったことで、一見すると日銀がコントロール可能となったように見えていただけとも考えられます。あくまでそのような環境にあっただけともいえます。

何かのきっかけで長期金利が上昇し、日銀のコントロールが効かなくなる恐れもありました。とくに長期金利が予想以上に上昇するようなことになれば、日銀は必要以上に長期国債を買い入れる必要にかられます。その結果、「長期金利操作目標は国債買入ペースの一段の拡大を強いられるリスクがある」とされていました。2022年にそれが現実化したのです（228ページ）。

長期金利を市場ではなく日銀が決めるのであれば、国債市場は必要がなくなってしまいます。そして長期金利は本来、物価や景気の体温計のような役割をしているもののはずです。それが人為的に操作されては、国債の価格発見機能[2]を失うことになりかねません。これは政府の財政を助けることになり、日本の財政悪化を見えにくくさせるという副作用も出てきます。

本来制御できないとしていた長期金利をコントロールすることで、日本の国債市場が衰退してしまうリスクもあります。債券市場参加者も減少傾向にあるとされ、長期金利の変動という経験を積んで、市場のリスクに備えるといった学習もできなくなりつつあります。

長短金利操作付き量的・質的金融緩和のもうひとつの柱が、オーバーシュート型コミットメントです。これはつまり、物価目標の達成が見込め

2 **国債の価格発見機能**／財政が膨張し国債増発を続けると、国債価格が下落して警告を発するといったもの。

ないかぎり、大量の国債買入を続けるという意志の表れです。

日銀は長期金利をコントロールできたかに見えても、残念ながら肝心の物価はコントロールできませんでした。であれば、この異常な国債買入は何かしらの特殊事情で物価が上がらない限り、続けざるをえません。これは財政ファイナンス[3]ではないかとの疑惑が生じたり、思わぬ物価上昇で長期金利が急上昇し制御不可能となったりということも想定されていました。

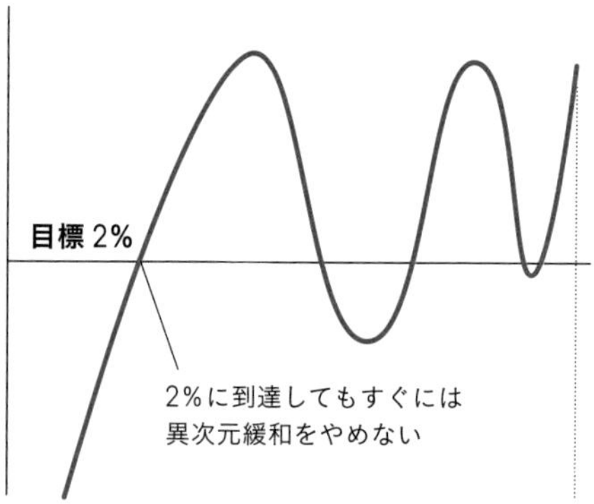
オーバーシュート型コミットメント
目標 2%
2%に到達してもすぐには
異次元緩和をやめない

すぐに金融市場や我々の生活に直接、何かしら影響が出るというものではありません。しかし、日本の金融市場の一角を占める債券市場が、次第におかしくなっていく危険があります。その機能低下は金融システムそのものに弊害が出ることも想定されます。また、我々の預金や保険料などは国債で運用されており、国債の信用低下は金融機関を通じて我々の生活にも影響が出る可能性があります。

国債の官製相場[4]の強まりと日銀による国債の直接引き受けに近い姿は、戦前戦中の日本の姿にも重なります。

1 短期金利と長期金利にそれぞれ目標値を設定するYCC

2 長期金利のコントロールに日銀は成功したかに見える

3 日本の国債市場が衰退してしまうリスクも

3　**財政ファイナンス**／財政赤字を賄うために、政府の発行した国債等を中央銀行が直接引き受けること。財政法で禁じられている。

4　**官製相場**／政府が国債金利をコントロールすること。

危険をはらんだ
無制限連続
指し値オペ

イールドカーブ・コントロール(YCC)の強化

長期金利の操作を続けた結果、日銀は指し値オペによって、
10年新発債をほぼ発行額分買い入れるという事態に陥ります。
これが日本の債券市場の機能を低下させてしまったのです。

経済正常化による物価上昇

日銀によるイールドカーブ・コントロール(YCC)は、物価が低迷し、金利に上昇圧力がかからない間は、いかにもうまく機能していたかに見えました。日銀は長期金利もコントロールできるのかと思った人も多かったのではないでしょうか。しかし、現実はそうではなかったことが見えてきたのが、2022年に入ってからのことでした。

2019年末あたりから、世界的な新型コロナウイルスの感染拡大によって、世界経済に大きな影響が出ました。2020年3月、経済への影響を危惧したECB理事会[1]が量的緩和政策の拡大を決めます。FRBは15日に臨時のFOMC[2]を開いて政策金利を0.00～0.25%に引き下げ、量的緩和も復活させるなど金融緩和策を講じました。

日本政府も、臨時閣議で新型コロナウイルスの感染拡大に伴う緊急

1 **ECB理事会**／欧州中央銀行理事会の略称。

2 **FOMC**／連邦公開市場委員会の略称。

経済対策を決定するなど、財政政策をとっています。こうした動きにより、リスク回避の見方から欧米の国債利回りは低下しました。

しかし、経済の正常化が進められるようになると、それが穀物価格の上昇といったかたちで反映され、エネルギー需要の回復などとともに物価の上昇圧力となっていったのです。欧米を主体に物価指数が上昇してきました。

それに追い打ちを掛けたのが、2022年2月から起ったロシアによるウクライナ侵攻でした。ドイツなどはロシアから大量の天然ガスを輸入しており、ロシアへの経済制裁によって供給への懸念が強まったことから、天然ガス価格が上昇します。また、ウクライナやロシアは世界的な穀物生産国であり、小麦など穀物価格も上昇しました。日本でも物価に上昇圧力が掛かってきたのです。

日本の消費者物価指数は2022年4月に前年同月比2.1%と日銀が目標としている2%を突破しました。ところがこれに対して日銀の黒田総裁は原材料価格やエネルギー価格の上昇によるコストプッシュ型の物価上昇（インフレ）であるとして、金融政策については異次元緩和を継続する姿勢を強調したのです。

無制限連続指し値オペを断行

2016年9月のイールドカーブ・コントロールの導入に際して、日銀は長期金利が上昇した場合などには、たとえば10年金利、20年金利を対象とした指し値オペ[3]を実施する用意があるとしていました。さらに固定利回り方式による国債買入の場合には、買入予定総額に上限を設定しないことがあるともしています。つまり長期金利が大きく上昇するような場合には、それを日銀は無制限の国債買入で押さえ込むとしていたの

3 **指し値オペ**／日銀はイールドカーブ・コントロールによって10年国債の利回りを一定水準（6月時点ではプラスマイナス0.5%）に抑えようとしている。その実現のため、10年新発債を0.5%という指し値で買い入れるオペレーション。

です。実際、2016年11月17日に日銀は、2年債と5年債を対象として、初の国債の指し値オペをオファーしています。

2021年3月、日銀は許容する長期金利の変動幅を「プラスマイナス0.25%程度」と明示し、複数日にわたって指し値オペを打つ「連続指し値オペ」の導入を決めました。

また、物価上昇による長期金利の上昇を抑制させるためとして、2022年4月28日に、無制限連続指し値オペを毎営業日行うことを宣言したのです。

債券先物の流動性を維持させるため、債券先物のチーペスト、つまり10年国債の残存7年の銘柄は日銀の国債買い入れ対象から外されていたのですが、2022年6月にそのチーペストも指し値オペの対象に加えました。

財政ファイナンスともとれる政策

無制限連続指し値オペなるものは、金利上昇を抑制する効果は大きいものの、日銀が国債取引に過度に介入すれば市場機能を損なう恐れがあります。

それが現実味を帯びたのが、2022年6月あたりからでした。海外勢などを主体に日本の債券市場に仕掛け売りが入ったことから、6月13日、10年国債の新発債の利回りが0.255%を付けたのです。日本銀行のイールドカーブ・コントロール政策の許容変動幅の上限となっている0.25%を超えてきたのです。

債券先物の流動性を維持させるため、チーペストはこれまで日銀の国債買い入れ対象からも外されていました。ところが2022年6月15日、日銀は15日の10時10分に10年債の新発債の3銘柄の指し値オペに加え、356回の指し値オペを新たに加えました。これについて事前の告知はなく、いきなり行われたのです。

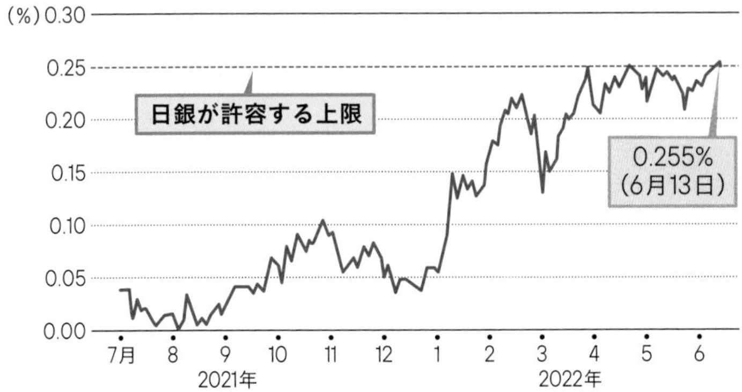

日銀は「長期国債先物に強い売り圧力がみられるなか、チーペスト銘柄の残存期間である7年ゾーンに上昇圧力が生じ、長期金利の変動許容幅の上限を超える恐れがあることなどを踏まえ、10年物国債金利の操作目標をゼロ%程度とする金融市場調節方針をしっかり実現するよう公表した」とコメントしています。

2022年10月21日のニューヨーク時間の朝方に、ドル円相場は一時151円94銭まで上昇し、32年ぶりの安値を更新しました。米10年債利回りが4.33%とほぼ15年ぶりの高水準をつけるなどしたことで、日米の長期金利差の拡大を意識した円安[4]となっていました。

このタイミングで、政府・日銀による大口の円買いドル売り介入が入り、円安にはブレーキが掛かった格好となります。米長期金利のピークアウト感が強まったことが大きな要因といえました。

日銀は2022年12月20日の金融政策決定会合で、国債買入額を大幅に増額しつつ、長期金利の変動幅を従来の±0.25%程度から±0.50%程度に拡大することとしました。日銀がイールドカーブ・コントロールの調整を行ったのです。これは市場にとって大きなサプライズとなりました。これには10月までに起きていた円安に対して、日銀も何か

4 **長期金利差の拡大を意識した円安**／信用度が同程度であれば、資金は金利の高いほうに流れる。米国金利が高くなり日本がそのままと予想されると、ドル買い円安の動きが強まる。

しらの動きを示すことが余儀なくされたからでないかとの観測もありました。

これを受けて1月の金融政策決定会合での追加修正の可能性が一部で意識されました。結果、2023年1月13日に10年債カレントの369回債の日本相互証券（BB、100ページ）で付いた利回りが、一時0.545%と0.500%を超えて上昇しました。

この動きに対し、日銀は防戦し、12～13日にかけて10兆円近くの国債を買い入れたのです。17日までの日銀の国債買入額は17兆1374億円となり、月間の購入額として過去最高だった2022年6月の16兆2038億円をすでに上回っていました。

日銀は指し値オペによって、10年新発債の発行額分をほぼ買い入れるという事態となったのです。これは日本の債券市場の機能が低下するだけでなく、財政ファイナンスとも捉えられかねないかたちにもなっていたのです。

財政ファイナンスとは政府の発行した国債等を中央銀行が通貨を増発して直接引き受けること。国債のマネタイゼーション（国債の貨幣化）ともいえます。これは財政法第５条で禁じられた行為なのです。

1 ロシアによるウクライナ侵攻により世界的な物価上昇が起こった

2 日本の国債利回りにも上昇圧力がかかる

3 日銀はチーペストも含めた指し値オペを実施

財政法で禁じられた日銀による国債引受

日本だけでなく主要先進国は中央銀行による国債引受といった政府への信用供与を禁止しています。これは日本ばかりでなく主要国の歴史から得られた貴重な教訓によります。

第二次世界大戦の一因となった国債買入

金融恐慌後のデフレ脱却のためリフレ政策とも呼ばれる政策をとったのが、高橋是清蔵相です。高橋是清は首相や蔵相（今の財務大臣）を歴任し、積極財政[1]によって当時の日本の経済を立て直したのです。

1931年再び81歳で蔵相となった高橋是清は日銀引受の国債を発行、つまり中央銀行が国債を直接引き受けることで通貨を増発し、それによって得た資金で政府が物資を買うことなどにより経済の状況が回復、物価も少しずつ上昇しました。日銀の引き受けた国債は銀行などに売却され、国債の買い入れ資金として、市中に出回る余剰資金が回収される格好となりました。

この積極財政の仕組みは、成功するかに見えました。しかし、軍部予算の急膨張によってバランスを失うことになります。すでにインフレの兆候も出てきたこともあり、1936年の予算編成で高橋蔵相は公債漸減方針[2]を強調しました。

高橋是清

1 **積極財政**／積極的に歳出を増やすこと。

2 **公債漸減方針**／一致協力して国債の増発を避け、前年度予算よりも減らすこと。

しかし、健全財政を堅持しようとする大蔵省と軍部との対立が頂点に達したことにより、軍事費の膨張を抑制しようとした高橋是清は二・二六事件により凶弾に倒れたのです。その後は軍事費増大、そして太平洋戦争へと繋がっていきました。

太平洋戦争による軍事費の膨張により政府の借入金は増大し、戦時国債など国債が濫発されました。増税政策も強行されたものの財源は不足したため、国債が発行され、これらの国債は公募されずに日銀引受となったのです。このために、日銀の保有国債残高が増加し、日本銀行券（紙幣）の発行高も激増しました。

1945年8月15日に日本はポツダム宣言の受諾により敗戦を迎えました。第二次世界大戦後の大きな痛手を被った日本経済は、主食の米不足など消費財の欠乏に加え、終戦処理費として巨額の財政支出などが実施されたことでさらに激しいインフレに見舞われました。

日本の太平洋戦争での被害総額は653億円との記述もあり、それに比べて政府負債の大きさは約3倍以上もありました。その政府債務はハイパー・インフレにより帳消しとなったのです。つまり国民への経済的な被害は戦争によるものよりも、政府債務による帳消しのほうが規模は数倍大きかったことになります。

大蔵省財務協会から出版された『高橋是清暗殺後の日本』という本があります。太平洋戦争が如何なるものであったのかを財政面から見たものですが、この本に戦後のインフレーションに関しての記述がありました。

> 公債残高は敗戦時に1408億円、政府保証等の残高は960億円に上がっていた。その一方で、主要都市を焼け野原と化した無差別攻

撃で生産設備が壊滅し我が国の生産力は大幅に低下していた。このようにして生じた大幅な需給関係のアンバランスは、当然のこととして激しいハイパー・インフレーションをもたらすことになったのである。

卸売物価は昭和11年に比べ、昭和24年には220倍にもなり、国債は紙くずと化してしまったのです。これはつまり「国民からの実質的な金融資産の没収となった」のです。

日露戦争時、高橋是清は日銀副総裁でした。日露戦争では彼の努力により外貨建て国債の発行で海外から戦費を調達できたのですが、太平洋戦争では海外からの資金調達は困難であり、発行される国債は内国債であり資金のほとんどを国内から調達していました。

新円切替

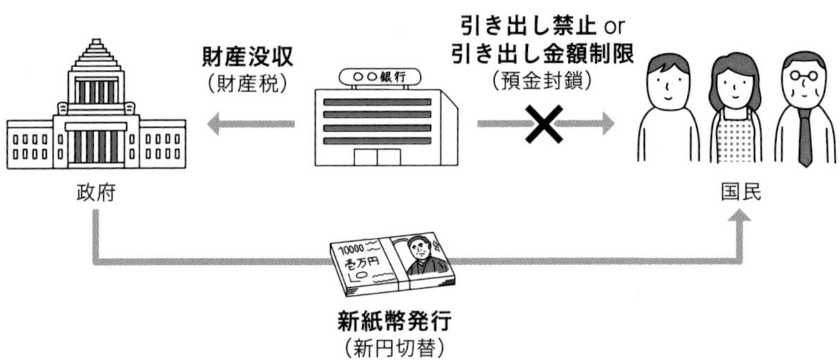

1946年2月に政府はインフレの進行に歯止めをかけることを目指し、金融緊急措置令および日本銀行券預入令を公布。5円以上の日本銀行券（紙幣）を預金、あるいは貯金、金銭信託として強制的に金融機関に預入させ、既存の預金とともに封鎖のうえ、生活費や事業費などに限って新銀行券による払い出しを認める、いわゆる「新円切替」が実施されたのです。新円切替から預金封鎖、財産税の課税が強制的に行われ、

多くの国民が財産を失いました。

そして1947年に制定された財政法では、

「国の歳出は、公債又は借入金以外の歳入を以て、その財源としなければならない。」（第四条）

として国債の発行を制限するとともに、

「すべて、公債の発行については、日本銀行にこれを引き受けさせ、又、借入金の借入については、日本銀行からこれを借り入れてはならない。」（第五条）

として日銀による国債の直接引き受けを禁じました。

これは、戦前において日銀による国債引受などを通じ、安易に公債の発行による財政運営を許したことが戦争の遂行・拡大を支える一因となったことを反省するという趣旨に由来するものとされています。

主要先進国が中央銀行による日銀引受を禁じた理由

日本だけでなく主要先進国は中央銀行による国債引受といった政府への信用供与[3]を禁止しています。これは日本ばかりでなく主要国の歴史から得られた貴重な教訓によります。

中央銀行がいったん国債の引受などによって政府への資金の供与を始めてしまうと、その国の政府の財政節度（歳入金と歳出金のバランスに関する自己規律）を失わせ、中央銀行通貨の増発に歯止めが効かなくなります。将来において悪性のインフレーションを招くおそれが生じるのです。そうなると、その国の通貨や経済運営そのものに対する国内外からの信

3 **信用供与**／相手への信用に基づいて、資金などを一時的に貸与すること。

認も失われてしまいます。

中央銀行による国債引受は麻薬にたとえられることがあります。いったん踏み入れてしまうと、戻れなくなり最後に身を滅ぼすことになるのです。先進主要国が中央銀行による政府への信用供与を厳しく制限しているのはこうした考え方に基づくものです。

米国では連邦準備法により連邦準備銀行は国債を市場から購入する（引受は行わない）ことが定められています。また、1951年の連邦準備制度理事会と財務省との間での合意（アコード）により、連邦準備銀行は国債の市中消化を助けるための国債買いオペ（国債の価格支持）も行わないこととなりました。

欧州では1993年に発効した「マーストリヒト条約」およびこれに基づく「欧州中央銀行法」により、当該国が中央銀行による対政府与信[4]を禁止する規定を置くことが、単一通貨制度[5]と欧州中央銀行への加盟条件の一つとなっています。つまり、ドイツやフランスなどはマーストリヒト条約により中央銀行による国債の直接引受を行うことはできません。

イングランド銀行による国債の引受は明示的には禁止されておらず、以前はイングランド銀行による国債の直接引き受けが行われていましたが、現在は行われていません。

1 戦前の日銀による国債の直接引受で激しいインフレが発生

2 世界的にも中央銀行による国債引受は禁じられている

3 いまの日銀が行っているのは国債引受に極めて近い

4 **対政府与信**／金銭的な貸付などを行う際に、取引相手（この場合は政府）に融資や融資枠などの信用を与えること。

5 **単一通貨制度**／複数の国が一元的な金融政策の下で、単一通貨を法定通貨として共有する制度。

第7章

日本国債のリスク

相場変動

金利と連動した

機関投資家も利用

71

国債の価格変動リスク

株価や為替レートが動くことは理解しやすいと思いますが、
安全資産と呼ばれ、満期まで待てば額面金額が戻る国債の価格が
動くというのはどういうことなのでしょう。

軽視できない国債による損失

国債などの有価証券は、その名のとおり、価値を持つ証券です。その価格は相場環境によって上げ下げしています。つまり国債にも価格変動リスクが存在します。

ただし、国債などの債券は満期まで保有していれば額面金額で償還されるため（物価連動債[1]など例外はある）、株式や外為市場より比較的安全な資産だともいえます。満期まで保有していれば額面で償還されるのだから、途中で売却しない限りリスクはない、という見方もあります。

しかし実際には、国債などの債券価格[2]が下落しているということは、金利水準が変わっているということです。売買をしていれば得られた金利が得られない、という機会損失が発生しているともいえます。

国債を途中で売却する際に、買付時より売却時に長期金利が低下していれば、値上がり益を見込めます。しかし、長期金利が上昇している場合には、損失が発生する恐れがあります。残存期間の長い国債ほど、利回り幅に対して価格が大きく変動する性質があります。

国債の価格変動によって生じた損失の一例が、2023年2月に起こった米銀のシリコンバレーバンク（SVB）の破綻です。顧客による預金の引

1 **物価連動債**／物価上昇率に応じて元本が調整される債券。

2 **債券価格**／債券の市場価格のこと。債券が満期となったときに償還される額面価格と区別してこのようにいわれる場合がある。基本的にこの本で価格と書いている場合は債券価格。

き出しに対応するため、保有する米国債などを売却したところ、国債の利回りが上昇していた（価格が下落していた）ことで、多額の損失が発生したというのが大きな理由でした。

ちなみに、預金引き出しが集中するまでの過程にツイッターでの投稿[3]が関わっており、「史上初のツイッターであおられた取り付け騒ぎ」ともいわれています。

長期金利と国債の価格の関係

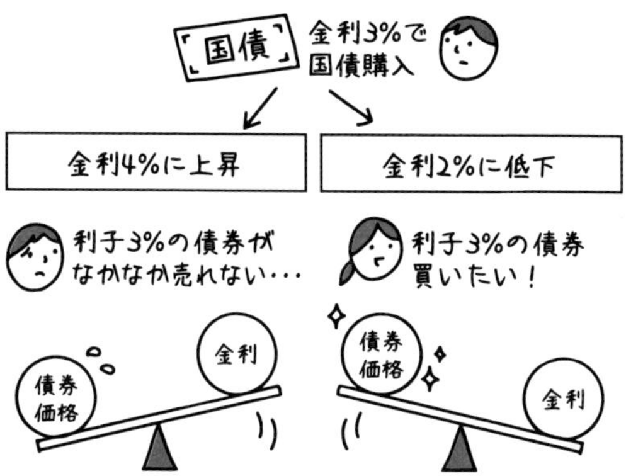

相場によって債券の価格が上げ下げするということは、投資家にとっては運用チャンスが拡がるということです。このため、銀行や生保、年金などの機関投資家、つまり巨額の資金を運用しているプロたちは、頻繁に資産の中身を入れ替えています。長期運用しているはずの生保や年金であっても例外ではありません。こうした動きによって、日々の国債の価格変動もそれなりに大きくなります。

国債の価格が常に変動していることを確認するには、債券先物の価格変動を見るとよいでしょう。日経平均先物やドル円のように取引時間中は動いており、その変動幅も意外と大きいことがわかります。

債券先物の値動きは1銭単位[4]ですが、売買の最低単位が額面1億円と大きく（ラージの場合）、前日比1円以上の動きもあるため、短期間に大きな利益や損失を生むことがあります。このため、国債の価格変動リスクは、ほかの金融資産同様に大きなものと認識しておく必要があります。

3 **ツイッターでの投稿**／有名起業家の運営するファンドが投資先企業に資金を引き上げるよう助言した、という話がツイッターで広まった。

4 **1銭単位**／「長期国債先物2023年6月限」は、2023年6月6日の安値148円61銭、高値148円77銭。

相場形成を抑え込む日銀の金融政策

先述のとおり、投資家は頻繁に売買を行っています。その投資家の取引相手であるプライマリーディーラー[5]なども、同様にポジション調整や相場観に基づいて債券の売買を行っています。それによって、本来は債券相場が形成されます。日銀のイールドカーブ・コントロールは、こうした市場での相場形成を抑え込んでいたといえます。

国債の価格変動リスクを押さえるために開発されたものに、債券先物取引や現物オプション取引などのデリバティブ取引があります。理論的にはデリバティブ取引を使うことにより、価格変動リスクを抑えることが可能です。

ただし、どのタイミングで、どの程度の規模でヘッジ（リスク回避）をするかによって、思ったほど損失が減らないこともあります。必要のないところでヘッジをして、得られる収益が得られないような例もあり、ヘッジについても相場観が必要となります。

さらに日銀がチーペスト（129ページ）を通じて債券先物の価格形成にまで影響を与えることにより、債券先物と現物債の裁定[6]が働かなくなり、債券先物がヘッジとして使えなくなるといった事態も発生していました。

1 国債価格は相場環境によって上げ下げする

2 残存期間の長い国債ほど価格が大きく変動する

3 日銀は半ば強引に市場での相場形成を抑え込んでいる

5 **プライマリーディーラー**／財務省が直接国債の取り引きを行う指定の銀行や証券会社。

6 **裁定**／先物と現物の価格差を利用して、リスクを避けながら利ざやを稼ぐ手法。

日銀が抑制したファンダメンタルズと需給の影響

景気や物価の動向が国債価格に影響を及ぼす

ファンダメンタルズ（経済活動状況を示す基礎的要因）や
需給要因（国債の発行額など）など、
国債価格の変動要因について具体的に見ていきます。

国債価格の変動要因はいつか元の姿に戻る

国債価格（長期金利）が変動する要因としては、ファンダメンタルズ（経済活動状況を示す基礎的要因）や需給要因（国債の発行額など）、そしてそれらに基づく市場参加者の動向などがあげられます。このうち最も大きな影響を及ぼしているとされるのが、ファンダメンタルズ、とくに景気や物価の動向です。

ただし、本書を書いている時点（2023年6月）では、それは日銀による長期金利コントロールによって阻害されている状況です。いずれ本来の姿に戻ると信じて、需要供給やファンダメンタルズに基づいた国債価格の変動要因についてまとめます。

景気と物価

まず、国債価格に最も大きな影響を及ぼしているとされるファンダメンタルズ、とくに景気や物価の動向がどのように影響するのかを見ていきます。

一般的に、景気がよくなれば、国債価格は下落（長期金利は上昇）することが多く、景気が悪くなれば、国債価格は上昇（長期金利は低下）することが多いとされています。

景気[1]がよくなれば需要が増加し、物価[2]も上昇しやすくなります。物価が上昇すれば、その行き過ぎ（インフレ）にブレーキをかけるため、本来であれば日銀が政策金利[3]を引き上げ、物価の上昇を抑制します。将来の金利上昇が予想されるため、長期金利も上昇し国債価格は下落することになります。より期間の長い国債の利回り上昇の可能性が強まり、国債には売り圧力が強まることによって長期金利が上昇します。

通常の金融政策

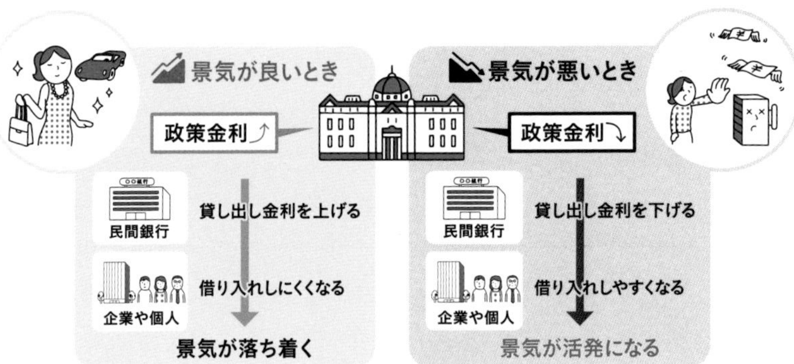

逆に、景気が悪化すれば、需要が減少し、物価低下（デフレ）の懸念が強まります。日銀は政策金利を引き下げ、デフレ圧力を緩和させようとします。短期金利の低下を受け、より期間の長い国債の利回りについても低下が意識され、国債価格の上昇をにらんだ買いが入るため、国債の利回りは低下します。

こうした原則は、絶対的なものではありません。たとえば、景気が回復しつつあるとき、その回復基調をしっかりさせるため、日銀がむしろ追加の金融緩和を実施する場合があります。短期金利の低下を受けて

1 **景気**／経済活動の状況のこと。物価上昇率以外にも、GDPや日銀短観など指標が複数ある。

2 **物価**／経済全体でのものやサービスの値段の水準。消費者物価指数、GDPデフレーター、企業物価指数など基準となる指標は複数ある。

国債が買われ、長期金利も低下します。

株価や為替との関係

株価と長期金利にも、相関関係があると指摘されます。株価が「景気動向の先行指標」といわれるのはこのためです。株価が上昇しているときには長期金利も上昇（国債価格は下落）すると考えられます。株価が下落傾向にあるときには、リスク回避による国債への資金の逃避もあって、長期金利は低下（国債価格は上昇）するとされます。

この株価と長期金利の関係についても、大きな流れとしては相関性があるかもしれませんが、必ずしも一定の法則があるわけではありません。たとえば、日銀の金融緩和策の影響を受けて国債価格が上昇した（長期金利が低下した）とき、景気対策を好材料と判断して株が買われるといったことが実際にあります。

市場参加者の思惑はそれぞれ

「景気が悪いから株より国債だな」
長期金利
低下
「長期金利低下で景気が
落ち着くだろうから株が買いね」

為替動向と長期金利にも関係性が指摘されています。

円高になると日本経済を支える輸出企業の業績が悪化するため、長期金利は低下（国債価格は上昇）し、円安になると原油価格など輸入物価が上昇するため、長期金利は上昇（国債価格は下落）するとされます。ただし、輸出企業の海外移転などが進み、円高・円安による日本企業の業績への影響は変化しています。

3 **政策金利**／金融政策のために中央銀行が設定する短期金利。預金の金利などに影響する。

また、為替は基本的には金利差によって動くとされています。

日銀がマイナス金利政策と長期金利コントロールで日本の金利を押さえつけている間に、欧米では物価上昇などを受けて中央銀行が利上げを行いました。日本と欧米の金利差が拡大し、結果として円安が進行した場面もありました。

しかし実際には、そのときの為替市場、債券市場が何に影響を受けやすいのかによって、反応の度合いは変ってきます。たとえば、国債市場の懸念（注目）材料が国債需給[4]で、政府債務[5]への懸念が強まったとしましょう。日本の長期金利の上昇は、先ほど述べたように本来は円高要因となるのですが、日本国への信認にも影響が及べば、円への信認低下が意識されるため、円安要因となります。

市場では参加者それぞれの期待が価格に反映されます。変動要因もそのときどきで変化し、特定のひとつを絶対的な要因と決めつけることはできないのです。だからこそ先行きの予測が難しく、価格が不安定になり、そこに価格変動リスクが生じます。見方を変えると、収益チャンスが訪れるのです。

日本銀行の異例の金融政策

長期金利は債券市場で決定されるものであり、本来日銀は直接操作することはできないとしていました。にもかかわらず、日銀は2016年9月にイールドカーブ・コントロール（長期金利コントロール）を導入し、金融政策の対象に組み込みました。日銀は市場における価格形成機能を奪ってしまったのです。

それまでも日銀の金融政策が、国債市場に大きな影響を与えていたことは確かです。先行きの金融政策を予想しながら、債券市場で売買を行うことで国債の価格が形成されてきました。

4 **国債需給**／国債の需要と供給。ファンダメンタルズなどが影響。

5 **政府債務**／国が抱える債務のこと。国債のほか、政府短期証券や借入金などの合計。

ただし、それまでは影響を与えてはいても、あくまで市場で国債の利回りが形成されることによって、国債の価格が動いていました。長期金利も上げ下げして適切な水準に落ち着き、その長期金利の水準から、市場が何を見ているのかも探ることができました。

国債の発行額が膨らみ、政府債務の拡大に対して警鐘を鳴らすのも国債の利回りでした。いわゆる「炭鉱のカナリア」機能ですが、その機能も日銀に取り上げられてしまったのです。

国債がもっていた炭鉱のカナリア機能（例:トラスショック、204ページ）

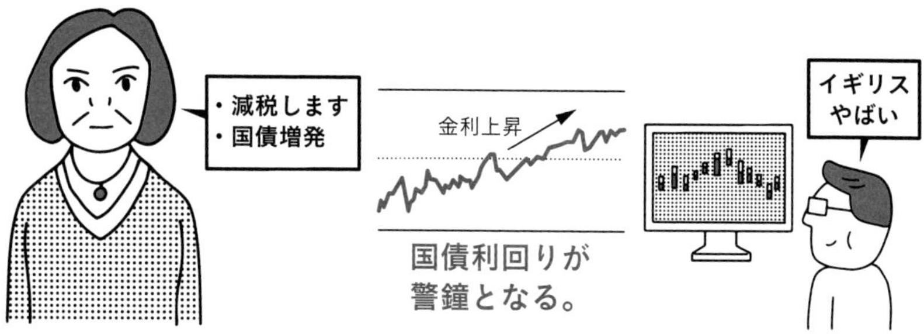

1 ファンダメンタルズが大きく国債価格に影響

2 株価と国債は相関関係をもつ場合がある

3 為替と国債も相関関係をもつ場合がある

75

過去の国債価格の暴落の事例

ここでは、過去に日本で国債が暴落した事例を見ていきます。
債券市場参加者の間ではそれぞれ呼称が存在し、
「ロクイチ国債の暴落」「タテホ・ショック」「資金運用部ショック」
「VARショック」などと呼ばれています。

戦後の国債相場急落事例

日本国債は、過去に数度大きな相場価格の下落（利回り上昇）を経験しています。戦後で見ていくと、まずは発行時の利率6.1%から1980年に12%近くまで利回りが上昇した「ロクイチ国債[1]の暴落」があります。

1985年の債券先物の上場直後には、プラザ合意に伴う日銀による短期金利の高め誘導をきっかけに債券先物に売りが殺到し、売り気配のまま2日間値がつかないという急落もありました。

急落を経験しつつも、日本の債券市場は活況でした。そして1986年11月に国債の指標銘柄になったのが、10年国債の89回債です。市中向け発行量2兆7075億円と、当時としてはかなり大型の指標銘柄でした。

1987年4月30日に89回債は3%を割り込み、債券市場はいわゆるディーリング相場[2]となります。証券会社や都銀などは積極的に売買を繰り返し、結果として4月の公社債の店頭売買高は1000兆円を超えます。5月14日に89回債は10年債でありながら2.55%に利回りが低下し、2.5%の公定歩合（当時の政策金利、民間の金融機関に資金を貸し出す際の基準金利）に接近しました。

結局、ここで債券バブル（高騰）は終焉し、この2.55%が当時の10年

1 **ロクイチ国債**／利率が6.1%だったことからロクイチ国債と呼ばれた。

2 **ディーリング相場**／証券会社や銀行などが、自社資金を使って金融資産の売買を行っている状態。

国債の最低利回りとして記録されることになりました。

そこからの国債価格の暴落（利回りの上昇）は私も市場参加者として経験しました。「タテホ・ショック」です。タテホ化学工業が債券先物で286億円もの損失を出したことをきっかけに、9月3日からの3日間で、89回債は1%あまりも利回りが上昇することとなりました。

資金運用部ショックがきっかけでゼロ金利政策が始まる

そして1998年には「資金運用部ショック」が起きています。国債の主要な引き受け手だった大蔵省（現財務省）の資金運用部が、国債の引き受けを急減させるという報道をきっかけに、1998年10月に0.7%を割り込んでいた長期金利が、1999年2月に2.440%まで上昇したのです。

資金運用部ショックによる相場下落は、国債の大口の買い手が国債購入を減額することによる、国債需給の悪化を嫌ったものです。その意味で、この国債暴落は、よい事例研究対象にはなります。

資金運用部ショックを経て、国債管理政策が急ピッチで進められ[3]、その後の長期金利の大きな抑制要因となっています。

2003年6月には「VARショック」と呼ばれた暴落を迎えます。銀行がポジションのリスク管理に使っているバリュー・アット・リスク（VAR）の仕組み上、変動値幅が少なくなったことでリスク許容度が広がり、債券での収益拡大の狙いもあり、大手銀行が必要以上にポジション[4]を積み上げ、その反動で国債が急落しました。

1 1980年代、「ロクイチ国債の暴落」「タテホ・ショック」が起こる

2 資金運用部ショックは国債管理政策を進めるきっかけとなった

3 2003年は「VARショック」と呼ばれた国債暴落などがあった

3 **国債管理政策が急ピッチで進められ**／国債引受シンジケート団の廃止と日本版プライマリー・ディーラー制度の導入が目玉となった。

4 **ポジション**／信用取引や先物取引などで、未決済のまま残っている約定のこと。

売買したくても取引相手が現れない

7-4 国債を売りたくても買い手がつかない流動性リスク

債券などの金融商品には、売りたくても買い手がつかない流動性リスクがあります。市場における売買が円滑に行われないことにより、期待していた収益が得られなくなってしまうのです。

買い手がつかないリスク

債券などの金融商品は、いつでも売りたいときに売れ、買いたいときに買えるというのが理想です。こうした売りたいときに売り、買いたいときに買える性質を、流動性といいます。

国債市場は一度に数千億円という売買すらこなせる市場です。国債の流動性は非常に高く、現金に次ぐ流動性をもつともいわれます。

国債のように流動性に優れているものであれば、通常は適正な水準で必要な金額を売買することが可能です。流動性の高さも、国内の金融機関が積極的に国債を購入する大きな理由となっています。

それに対し、発行額の少ない債券などは、希望する価格で売れなかったり、買い手が見つからなかったり、ということがありえます。国債でも発行額が比較的少なく、買い手が偏在していた15年変動利付国債や物価連動国債[1]で、売りたくてもなかなか買い手が現れない流動性リスクの問題が生じた事例もありました。

1 **物価連動国債**／元金額が物価の動向に連動して増減する国債。

トラブルやシステム障害のリスク

また、取引の相手方に経営不安説が流れたり、システムが故障で停止したりするなど、何らかの特殊事情によって決済が滞ってしまうリスクも流動性リスクといえます。そのひとつの典型例としてリーマンショックが挙げられます。

2008年9月、リーマン・ブラザーズ証券の破綻の際に、「正確な財務状況が確認されるまで既往契約に基づく決済を停止する」旨を発表したことで、約定済みの国債取引が一切履行されないという非常事態が発生しました。

この結果、リーマン・ブラザーズ証券が引き起こした国債取引についてのデフォルトの規模は、2008年9月の予定分だけでも約7兆円にのぼったのです。これによりリーマンと決済を予定していた相手先では、リーマンから引渡しを受けられなかった国債の調達やリーマンに引き渡す予定であった国債の売却処分を余儀なくされました。

また、リーマンから引渡しを受けなかったものについては、即日にその国債を調達することもできずフェイルを余儀なくされたのです。フェイルとは、国債の受け方が、予定されていた決済日を経過したにもかかわらず、対象債券を受け渡されていないことを指します。

このリーマン破綻により、国債市場において流動性リスクが現実に生じることが明らかになりました。そして流動性リスクへの対応策のひとつとして検討されたのが、国債の決済期間の短縮でした。

1 売りたい時に売り、買いたい時に買える性質を流動性と呼ぶ

2 何らかの特殊事情によって決済が滞ってしまうリスクもある

3 リーマン破綻により流動性リスクが生じることが明らかになった

債券は発行体の信用度が価格に影響
国債も同様

75

国債の信用リスク

国債の抱えるリスクのひとつに、信用リスクがあります。
貸したお金が約束どおり返ってこない、購入した債券の利息や
償還金が条件どおり支払われない（債務不履行）、などのリスクです。

通常は国債の金利がリスク・フリー金利となる

貸したお金が約束どおり返ってこない、購入した債券の利息や償還金が条件どおり支払われない（債務不履行）、などのリスクを信用（デフォルト）リスクと呼びます。

企業が倒産したり、国の財政が破綻したりというケースだけでなく、倒産する可能性が高くなることで債券の価格が下落することなども信用リスクに含まれます。

リスク・フリー金利とプレミアム

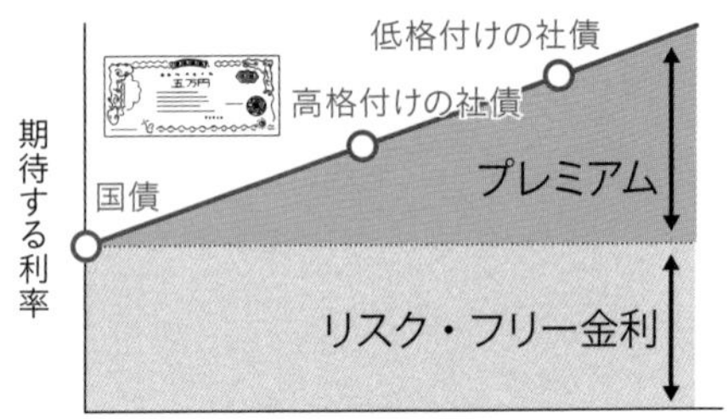

債券市場における信用リスクは、リスク・フリー金利に上乗せされるプレミアムといった形で表されます。債券の発行体などがどの程度信用できるかは、その上乗せ金利（スプレッド）[1]という数字で表現されます。

その元となるリスク・フリー金利は、通常「国債」の金利となっています。ただし、日銀の長期金利コントロールによってこの機能もやや怪しくなりました。国債市場のゆがみによって市場では適切な10年国債の

1 **上乗せ金利**（スプレッド）／格付投資情報センター（R&I）で格付けが「シングルA」の10年物社債のスプレッドは2023年春の時点で平均0.5％強。状況次第で変化するのであくまで一例。

利回りの位置が見い出せなくなり、その結果、社債の金利設定などにも影響を与える事態も発生しています。

ソブリン・リスクとカントリー・リスク

国債にも信用リスクが存在し、それはソブリン・リスク（sovereign risk）もしくはカントリー・リスクと呼ばれます。

ソブリン・リスクとは政府などに対する融資のリスクを意味し、ソブリン債は政府もしくは政府機関の発行する債券のことを示します。

これに対してカントリー・リスクとは、海外投融資や貿易の対象となる相手国の政治、社会、経済などの環境に基づいた信用度のことです。海外ではアルゼンチンやロシア、スリランカのように、国債が債務不履行となった例は現実にあります。

ソブリン・リスクとカントリー・リスクは表現こそ違いますが、結局はその国の国債に対するリスクと考えてよいかと思います。国債だから絶対に安心できるというわけではありません。これは日本の国債についても同様で、何らかのきっかけで信用が損なわれるリスクは常に存在します。

1 信用リスクはデフォルトリスクといった呼ばれ方もする

2 信用リスクは、プレミアムといった形で表わされる

3 倒産する可能性が高くなり債券の価格が下落するケースもある

格付け会社が
勝手に国の
信用度を公表

76

国債の格付けの意味

債券がどの程度信用できるかの指標に、格付けがあります。
社債などを発行する際に格付け会社から取得するもので、
格付けが高くなれば利子を抑えることができます。
また、格付け会社は国債の格付け（勝手格付け）も公表しています。

格付けが高ければ利子は低くできる

信用リスクの確認に「格付け」が使われることがあります。この格付けとは、債券などの元本や利息が約定通りに支払われるかどうかの確実性を、専門的な第三者である格付け会社が評価し、段階的に表示したものです。

格付け会社のイメージ

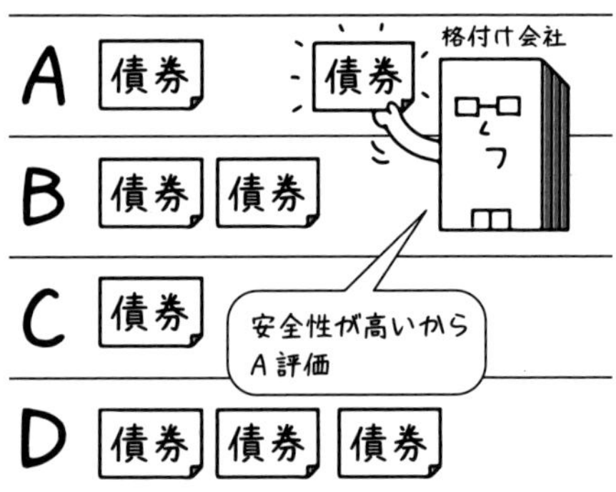

ある会社が債券を発行したいとき、格付け会社に費用を払って格付けを取得します。この格付けが高ければ、その企業の安全性が高いと認められたことを意味し、高い利子を設定しなくても債券を発行できるようになるのです。

格付け会社は国の格付けも行っている

格付け会社は、このような企業の格付けのほかに、独自で国の格付けを実施しています。これは勝手格付けとも呼ばれ、格付け会社が勝手に付けたものです。勝手にとはいいますが、国債の信用度を示す指標として重視されています。日本では1998年11月に米国の格付け会社のムーディーズ・インベスターズが日本国債を最上級のAaa（トリプルA）からAa1（ダブルA1）に引き下げたことが大きな話題となりました。

国債の格付けはデフォルトしたのかどうかの判断などにも使われますが、これまでの海外格付け会社による日本国債の格付け変更は、日本の債券市場にほとんど影響を与えませんでした。日本国債は95%が国内資金で消化されており、海外機関が格付けを下げたところで、国内投資家が国債を売却するとは考えづらいためです。

また、格下げを理由に売りを仕掛けていた海外投資家もほぼ失敗に終わっています。「日本国債の格付け変更による債券先物の売りは儲からない」ということが知られるようになったのか、売り仕掛けの動きもあまり見えなくなっています。

ただし、格付け会社の日本国債の格下げは、海外からの警鐘でもあり、日本の政府、そして国民に強く財政危機を意識させたことも確かです。

一方で、2008年のリーマン・ショックなどをきっかけとした世界的な金融経済危機の際には、格付けに対する問題点も指摘されました。

1 信用リスクを確認するために使われるものに「格付け」がある

2 格付けによって利子などが変わる

3 格付け会社は国債の格付けも独自に行っている

物価上昇の危険性を
長期金利コントロールで
目隠し

77

日銀の金融政策の出口政策による影響

日銀の異次元緩和によって潜在的な日本国債のリスクが
拡大しています。いずれそのリスクが顕在化し、
国内金融機関などに大きな影響を与えることも予想されます。

日銀が国債の半分以上を保有

2013年4月に日銀は量的・質的緩和策[1]を決定し、異次元緩和と呼ばれる緩和策を打ち出しました。国債などを大量に買い入れることで物価を引き上げようとしたのですが、結論からいえば、日銀が国債やETF[2]などを大量に買い入れるという結果だけが残りました。

異次元緩和決定前の2013年3月の日銀による国債保有額は93兆8750億円と全体に占める割合は11.6%でしかありませんでした。それが2022年12月末にはなんと546兆9301億円となり、全体に占める割合は52.0%となったのです。

日銀が日本の債券市場における主要な投資家となり、影響度が非常に強まってしまいました。日銀が国債残存を半分以上保有していることで、財政ファイナンスと認識されかねない状況にもなっています。

1 **量的・質的緩和策**／マネタリーベースという量を政策目標とし、保有する金融資産の種類を増やそうという緩和策。

2 ETF／日経平均株価など、何らかの指標に連動する投資信託。

日銀の国債保有比率

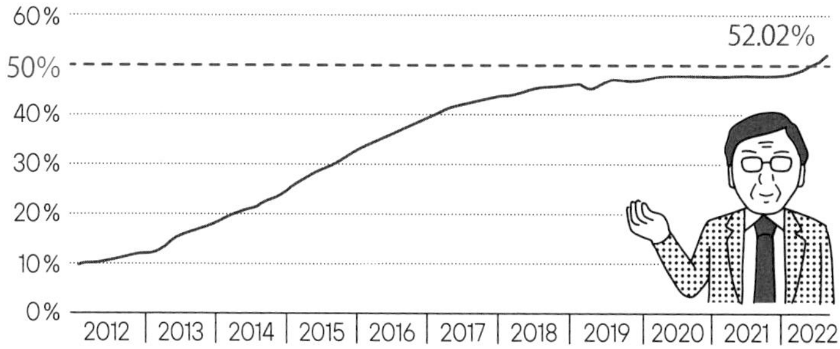

※国庫短期証券は含まない

出典：日銀『資金循環統計』を基に作成

しかし、日銀が異次元緩和の修正を繰り返しても、物価目標の全国消費者物価指数（除く生鮮食料品）2%に届くことはありませんでした。それどころか、修正を繰り返せば繰り返すほど、日本の債券市場は機能不全に陥っていきました。そのダメ押しとなったのが、2016年9月から始まったイールドカーブ・コントロール（長期金利のコントロール）です。

日銀は本来市場で形成されるものとしていた長期金利を操作目標に加えました。日本の物価は低迷しており、金利に上昇圧力が加わらなければ、長期金利もコントロール可能に見えていました。

金融緩和ブレーキを放棄した日銀

日銀の国債保有額の急増にもみられるように、日銀の量的緩和は拡大していきました。2021年までは物価と金利が低迷したこともあり、金融機関は収益を求め、よりリスクの高い対象へと資金を振り向けることとなりました。

金融緩和の長期化によって感覚が麻痺していたのは米国も同様で、2022年には米国での地銀破綻などの要因ともなりました。これは米国の一部の銀行だけの特殊なケースとは片付けられないのではないでしょうか。
新型コロナウイルスとの共存や経済の正常化が意識された際に、物流面での支障が生じるなどとしていたことで、物価に上昇圧力が加わってきました。それが2021年中頃あたりからでした。

2022年2月のロシアによるウクライナ侵攻が、世界的な物価上昇に拍車をかけました。ヨーロッパでの天然ガスの価格急騰、小麦などの穀物、原材料やエネルギー価格の上昇により、数十年来の物価上昇という異常事態を迎えたのです。多くの人が、物価は上がるという事実に直面しました。

物価の高騰は当初期待されていたような一時的なものではありませんでした。欧米の中央銀行は利上げを急ぐこととなり、欧米の長期金利も上昇しました。

日本でも遅れて全国消費者物価指数（除く生鮮）も上昇しはじめ、日銀の目標だった2%を超えました。国内での物価上昇と海外金利の上昇で、日本でも長期金利に上昇圧力が加わったのです。
日銀はこの上昇圧力を指し値オペによって無理矢理抑え込もうとしました。債券市場ではかなりの無理が生じることとなります。

日銀はこの物価の上昇を、原材料価格や石油などのエネルギー価格の上昇によるコストプッシュ型のインフレとして、賃金の上昇などが伴っていないとして、頑として緩和策を維持したのです。
日銀は金融緩和にブレーキをかけることをほとんどせず、せいぜい調整しても、2022年12月に長期金利操作目標のレンジをわずか0.25%拡げただけでした。物価対策は政府に依存することとなり、金融緩和と財政拡大、さらに日銀の国債購入に拍車をかけた格好になりました。

急速なインフレ進行が進む

日銀の内田真一副総裁は3月29日の衆院財務金融委員会で、長期金利が2％に上昇した場合、日銀が保有する国債の含み損が約50兆円になるとの試算を明らかにしました。日銀は国債を時価評価していないため、含み損が発生しても決算損益に直接的な影響はないのですが、金利上昇による影響がいかに大きいものとなるのかを示したものといえます。

コロナ禍でにわかに注目を集めたMMT（現代貨幣理論）も、急速なインフレが進行するなかで、その理論そのものに対して疑問の声があがってきました（202ページ）。

物価と金利の上昇は世界の経済状況を一変させました。それにもかかわらず日銀はほとんど動こうとせず、物価や海外金利の上昇に応じた国内の国債利回りの上昇も無理矢理抑えにかかったのです。

今の日本ほどの国債発行額を抱えたなかでの金利上昇は、多くの人にとって経験したことのない状況です。今後何がおきるのか、見通すことはできません。

だから今後も長期金利を抑え込むべきとの意見もあるでしょう。しかし、物価に応じた金利形成そのものを阻害することは、のちのち副作用が顕在化する恐れもあります。

日銀が大量の国債を保有し、10年新発国債の発行額以上を買い入れるという事態は、財政法で禁じられている財政ファイナンスと認識されかねないものです。

また、財政規律そのものを緩めることにもなりかねず、これも日本国債の潜在リスクを拡大させかねないものとなります。

日本の物価が上昇したまま、日銀が異次元緩和を続けるとどうなるのでしょう。
何がきっかけでそのリスクが顕在化するのかはわかりません。ただ、このまま何事もなく済まされるとは、考えづらいのも確かです。
2023年に入り欧米で金融不安が強まっていました。これは特殊な事例とはいいがたく、とくに日本では大きなリスクを日銀の政策で覆い隠しているということもあり、ベールが剥がれたあとに何か起きるのかは予想し難い状況です。日本は欧米の金融不安を「対岸の火事」ではなく「他山の石」として認識すべきです。

さらに2022年9月に英国で起きたトラスショックのようなことが日本でも起きる懸念があります。トラスショックとは英国でトラス政権発足後、大規模な減税を打ち出すなどしたことで財政への不安が高まり、英国債や英国通貨のポンドが一時急落した事態のことです。
何がきっかけで国債への信認が失墜するのかはわかりません。日本国債は日銀の異常な緩和策の継続によって、その火種を抱え続けていることは確かなのです。

1 日銀が国債残存の半数以上を保有している

2 日銀の異次元緩和によって潜在的な日本国債のリスクが拡大

3 何がきっかけでそのリスクが顕在化するのかはわからない

第8章

日本の財政事情と国債の安全性

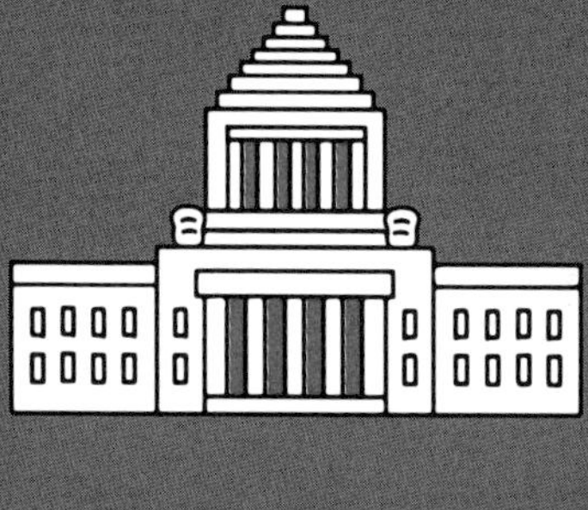

8-1

日本の財政と国債の現状

前章では国債が抱えるリスクを見てきました。
それを踏まえて、日本の現状を見ていきます。
2023年度の一般会計の総額は110兆円を突破し、
その約3割を新規国債に頼っている現状があります。

国債発行額は減ったが厳しい状況

政府が2022年12月23日に臨時閣議で決定した2023年度の一般会計予算の総額は114兆3812億円と初めて110兆円を突破しました。11年連続で過去最高額を更新しています。

閣議決定のタイミングで、2023年度の国債発行計画が発表されました。新規国債の発行額は35兆6230億円となり、2022年度当初予算と比べて1兆3030億円程度減ったものの、歳入114兆3812億円の31.1%を国債に頼る厳しい財政状況が続きます。

国債発行総額の推移・カレンダーベース市中発行額の推移

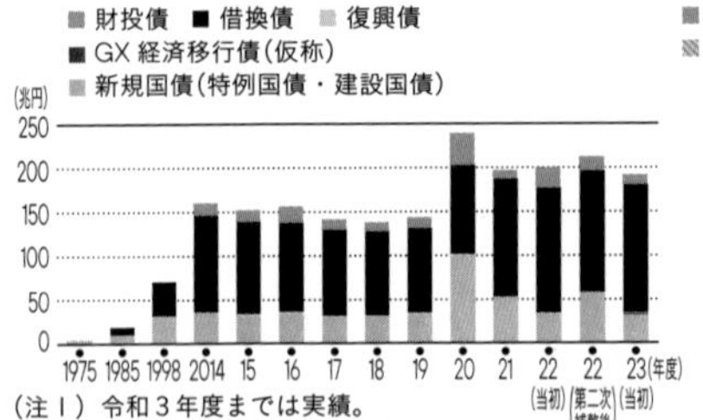

（注１）令和３年度までは実績。
（注２）計数ごとに四捨五入したため、合計において一致しない場合がある。

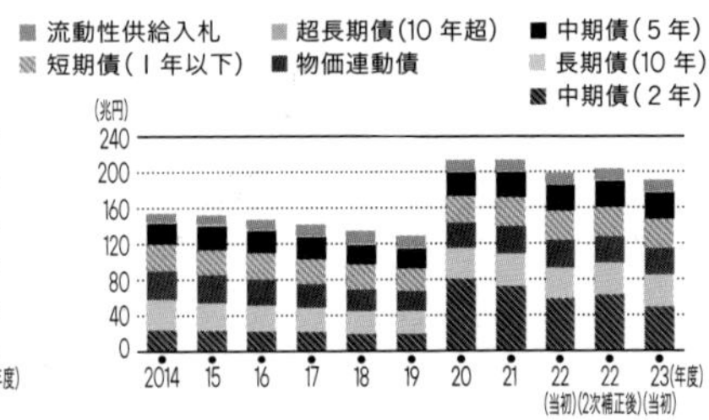

（注）令和３年度までは最終補正ベース。
出典：財務省「令和5年度国債発行計画等を策定しました」

国債発行総額[1]は205.8兆円となり、2022年度当初比で9.3兆円減。ここから個人向け販売分と公的部門（日銀乗換）を除いたカレンダーベース市中発行額（73ページ）は190.3兆円となり、同8.3兆円減となりました。2022年度に大きく増額された短期債の分の減額です。

2022年度には短期債が増発されましたが、2023年度ではその分が減額されています。期間の長い国債が多くなることで平均償還年限は長期化し、2022年度当初の7年9か月から8年1か月となりました。

データにはGX経済移行債[2]（仮称）が含まれ、発行額は5061億円となっています。しかし、具体的な発行方法については、GX実行会議での議論や市場参加者の意見も踏まえ、関係省庁で協力して検討するとしており、現時点（2023年6月）では詳細不明です。

カレンダーベース市中発行額は変動なし

カレンダーベース市中発行額については、2022年12月時点での月別金額そのままとなり、国債が大きく増額される年限などはなかったことで、債券市場にとっては中立材料といえます。

それぞれ詳細を見ていくと、2年債が2.9兆円12回、5年債が2.5兆円12回、10年債が2.7兆円12回、20年債が1.2兆円12回、30年債が0.9兆円12回、40年債が0.7兆円6回となります。流動性供給入札も年間12兆円と変わりません。10年物価連動債が0.2兆円4回の0.8兆円から0.25兆円4回の1.0兆円。割引短期国債は2022年度（二次補正後）の年間64.6兆円から50.7兆円に減額されました。

1 2023年度の一般会計の総額は初めて110兆円を突破

2 歳入の3割を国債に頼る状況

3 カレンダーベース市中発行額は債券市場にとって中立材料

1 **国債発行総額**／新規国債に財投債や借換債など加えたもの。

2 **GX経済移行債**／府による脱炭素推進の投資を賄うために発行される国債。

非常事態を経て
国債残高は
過去最高額

82

債務残高が増え続ける要因

1990度末から2022年度末にかけての
普通国債残高の増加額は、約855兆円にのぼります。
国の支出である歳出そのものが大きく増加するとともに、
収入である税収等の減少が残高増に影響しています。

増え続ける国債発行残高

1990年度はバブル経済による影響で税収が戦後最高の60.1兆円に達したことなどにより、特例国債（赤字国債）は発行されませんでした。しかし、1991年以降、国債残高は増加し続けています。1990年度末から2022年度末にかけての普通国債残高増加額は約855兆円にものぼります。

国債発行残高の推移

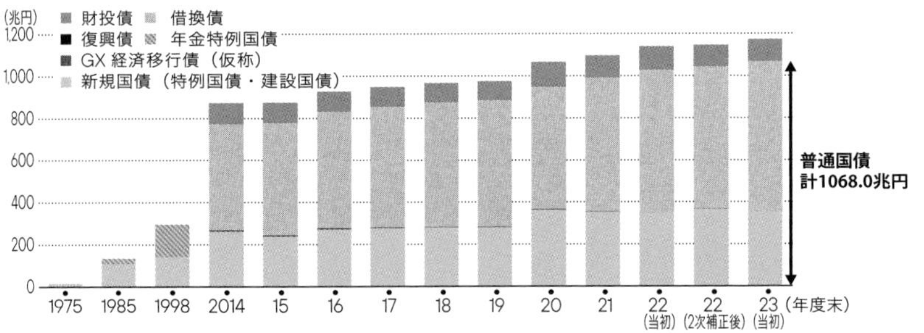

（注１）令和３年度末までは実績。令和４年度末はそれぞれ当初予算ベース、２次補正予算後ベース（ともに前倒債20兆円を含む）。令和５年度末は当初予算ベース（前倒債25兆円を含む）。
（注２）計数ごとに四捨五入したため、合計において一致しない場合がある。
出典：財務省「令和5年度国債発行計画等を策定しました」

財務省の資料によると、歳出面では、1990年代は公共事業関係費の増加が主要因でしたが、近年では高齢化の進行等に伴う社会保障関係費の増加が主要因となっています。社会保障関係費が大幅に増え、それを特例国債の発行によって賄っている格好になっています。

また、歳入面では、過去の景気の悪化や減税による税収の落ち込みが歳入不足の主要因となっていました。

新型コロナウイルス感染拡大の影響

さらに新型コロナウイルス感染拡大に対する経済対策によって、債務が増加することになります。

2020年度の国の予算は異例ずくめとなりました。新型コロナウイルスへの対応から、3度にわたって補正予算が編成され、それによる一般歳出の増加額は合計で76.8兆円にも及んだのです。

2020年春に編成された第1次補正予算および第2次補正予算により、国債発行総額は253.3兆円と当初計画と比べて99.8兆円の増額となりました。このため、カレンダーベース市中発行額を83.5兆円増額し（総額212.3兆円）、短期債を大幅に増発しています。

さらに第３次補正予算を受け、国債発行計画が変更されました。新規国債の増加（22.4兆円）等に対応するとともに、すでに過去最大規模となっている国債のさらなる市中増発を抑制するため、財投債を減額するとともに、年度間調整分（前倒債）を活用し、前倒しで発行されていた国債の一部を市中消化分から減額しました。この結果、国債発行総額は増加したものの、カレンダーベース市中発行額は増額しませんでした。

新型コロナウイルスにより経済は悪化したものの、2020年度の税収は60.8兆円と過去最高を記録しています。2019年10月の消費税率引き上げの影響に加えて、法人税収も想定より3.2兆円多い11.2兆円となったためです。この税収は2020年度内に使いきれず、2021年度に繰り越されており、この繰越金が30.8兆円に達したことにも注意が必要です。

そのため、新型コロナウイルス感染拡大への対応は、国民にアピールする狙いの規模ありきの対策だったのではないかという指摘もありました。

こうした新型コロナウイルスへの対応や、社会保障費の増加などもあり、2021年度一般会計予算の総額は106兆6097億円。2020度の当初予算を４兆円近く上回り、過去最大となりました。この予算を補うため、2021年度の国債発行総額は236.0兆円に及びました。2020度当初に比べて82.5兆円の増加となったのです。

さらに、2021年12月20日に新型コロナウイルス対策を盛り込む2021年度補正予算が、参院本会議で賛成多数で可決、成立しました。これにより一般会計追加歳出の総額は、過去最大の35兆9895億円となりました。

結果、2021年度の歳出は当初予算と合わせると142.6兆円となります。単年度の歳出額としては、新型コロナ対応で補正予算を３度組んだ2020年度に次ぐ規模となったのです。

2022年度予算案での一般会計総額は107兆5964億円。10年連続で過去最高額を更新しました。社会保障関係費と防衛費が過去最高となり、新型コロナウイルスの感染再拡大に備えて5兆円の予備費を積みました。

歳入では、税収が2021年度当初比で7兆7870億円増の65兆2350億円と過去最高額を見込んでいました。その一方で、新規国債の発行額は6兆6710億円少ない36兆9260億円となっています。

内訳は建設国債が6兆2510億円、特例国債（赤字国債）が30兆6750億円。2021年度当初に比べて建設国債は900億円減、特例国債は6兆5810億円減です。

2023年度予算では、一般会計総額が114兆3812億円となり、初めて110兆円を突破しました。11年連続で過去最高額を更新しています。新規国債の発行額は2022年度当初予算から1兆3000億円程度減った35兆6230億円となっています。

このように政府予算規模は膨らむ一方となっています。新規国債の発行額は減少してきていますが、それでも30兆円を超えて発行されている状況です。コロナ禍のような非常事態への対応は必要ですが、状況が落ち着いても予算規模が増加しており、このままでは日本の借金まみれの財政はいっこうに改善されません。

1 1990年代の国債発行増は公共事業関係費の増加が主要因だった

2 近年では社会保障関係費の増加が主要因だった

3 そこに新型コロナウイルスへの対策が加わる

銀行や生保・年金
国民の預金などが
国債になる

83 巨額の債務残高を支えているもの

日本の巨額の債務残高を支えていくにあたり、
その半分を保有している日銀は大きな存在です。
残りの部分を支えているのが
主に国内の機関投資家となっています。

金融機関は国債で預金などを運用

国債はその9割程度を国内資金で賄っており、これはほかの国内債券についてもほぼ同様です。しかし、それでは何故、国内資金によって日本の債務が賄われているのか、その理由を探ってみましょう。

日本国債の保有者

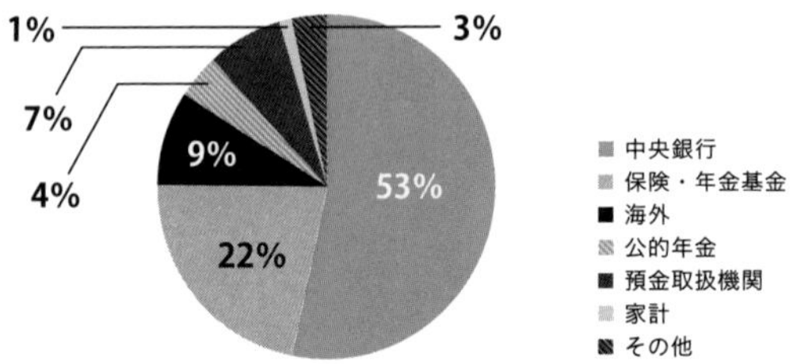

日本国債の53%を保有しているのが中央銀行（日銀）です。

中央銀行以外で大きな割合を占めているのが、銀行などの預金取扱機関や保険・年金基金です。国民による金融資産は約2000兆円にのぼり、それが預貯金や生命保険、年金基金というかたちで金融機関に集められています。各金融機関は、それを国債などで運用しているのです。

日本国債は国内の金融資産としては最も安全であるとの認識に加え、デフォルトを起こすことも想定しづらいとの認識が働いています。それは政府、さらに日銀への信認が働いているともいえます。

貯金のゆくえ

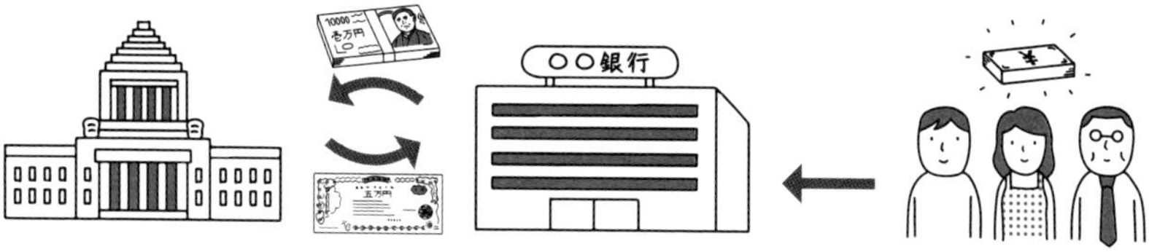

国債の信用度は通貨である円の信用度と同じであり、その意味では日銀への信用度も大きな要因となります。少なくとも予算編成において財政の健全化が意識されている限りは、政府への信用度が大きく落ちることは考えづらいでしょう。

ただし、財政法で禁じられている日銀の国債引受といった財政ファイナンスが実施されれば、その信認は大きく低下します。そうなると、国債価格の急落を招く恐れが高まります。

貯蓄額の大きさが国債増につながる

1990年のバブル崩壊後の日本のデフレも国内の機関投資家が国債を購入する大きな要因となっていました。デフレというのは物価が下落することで、通貨価値を増加させます。そして、通貨と同等の信用力のある国債の価値も増加させることになるのです。

デフレイメージ

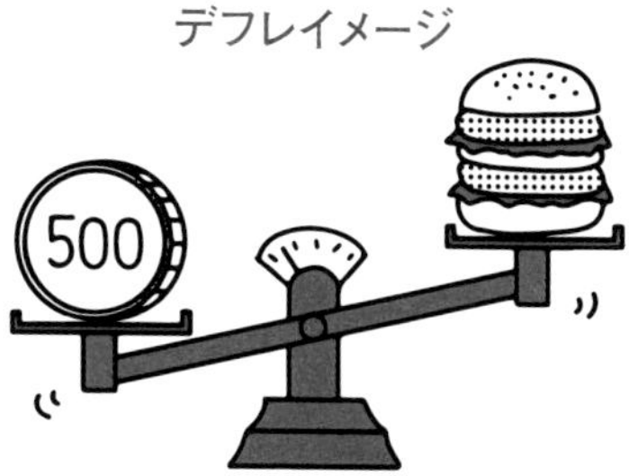

デフレに対して日銀はゼロ金利政策、量的緩和政策、量的・質的緩和、マイナス金利政策、長短金利操作付

き量的・質的緩和などの金融緩和策を行ってきました。

短期金利がマイナスになったことで、長期金利もマイナスに低下してしまいました。利ざやが減ることで収益悪化を招きかねないため、金融機関から批判が強まります。その結果、日銀は長期金利そのものを政策目標にするイールドカーブ・コントロールを導入しました。これは10年より長い期間の国債の利回りの上昇を促すこと（金利差拡大で利ざやを稼ぎやすくなる）が大きな目的となっていました（詳しくは225ページ参照）。

景気の低迷やデフレにより、企業は借入を控え内部留保を増加させてきました。銀行は貸出が伸びないため、その資金の運用先を国債に振り向けざるをえません。さらに企業は手元資金を預金として預けることにより、その資金も国債に振り向けられている構図となっていました。

また、日本は長らく世界第1位、現在でも中国に次ぐ第2位の経常黒字国[1]だということも、大量に発行される国債を国内資金で賄えてきた理由とする見方もできます

計算上は国内資金の過不足、すなわち国内の貯蓄と投資の差額は経常収支に等しくなることが知られています。

つまり、日本は経常収支が黒字なので貯蓄が投資を超過しており、国の債務は国内の貯蓄でカバーできるとする見方です。それは裏を返せば、黒字額が減少すれば、いずれ国内資金では賄えなくなる可能性が強まるということです。

1 国債はその９割程度を国内資金で賄っている

2 バブル崩壊後のデフレも機関投資家が国債を購入する要因だった

3 経常黒字国だったことも国内で国債を賄える要因という見方も

1 **経常黒字国**／経常収支とは外国との貿易や、証券投資による収益等の収入と支出の差額。収入が支出を上回れば経常黒字となる。

政府に対する信認が
赤字財政に
持続可能性を与える

プライマリー・バランスを考える

社会保障や公共事業などの政策経費を、
借金せずに税収などで賄うことは難しいのでしょうか。
それが可能かどうかを分析する指標が、
プライマリー・バランス（基礎的財政収支）です。

日本国債への信認を維持する

大量に発行されている国債が円滑に消化されているのは、その多くが国内資金で賄われていることに加え、財務省による国債管理政策[1]などが有効に機能していること、巨額の国債を売買できる市場が存在し、円滑に取引が行われていることなどが理由にあげられます。

いずれにせよ、最も重要なのは日本国債への信認が維持されているということです。

国債の信認を維持するためには、政府が財政規律[2]を守る姿勢を示すことが重要となります。財政規律を守るために必要なのが基礎的財政収支の均衡と、その黒字化に向けた政府の姿勢とされています。

基礎的財政収支とはプライマリー・バランスとも呼ばれ、社会保障や公共事業などにかかる政策的経費を、新たな借金をせずに毎年の税収などで賄えるかどうかを分析する指標です。

つまり「税収等」と「政府の支出から国債の利払費・償還費を除いたもの」を比較します。プライマリー・バランスがプラス（マイナス）の場合には、プライマリー・バランスの黒字（赤字）と表現します。

1 **国債管理政策**／国債が無理なく国民経済に受け入れられるよう、財政負担の軽減を図りつつ、国債の発行や消化、流通、償還についてとられる政策のこと。

2 **財政規律**／財政が秩序正しく運営され、歳入と歳出のバランスが保たれていること。

プライマリー・バランス＝税収等－（政府支出－国債の利払費・償還費）

国債の元利金払い[3]にあてる国債費と、新規に発行する国債の金額がほぼ同額となればプライマリー・バランスは均衡します。そのうえで金利と名目成長率[4]がほぼ同じとなれば、つまり借金の利回りと経済成長による運用利回りがほぼ同じになれば、新たな借金は増えないことになります。

つまり税収以内で一般歳出を補えるということになるわけです。

プライマリー・バランスが黒字

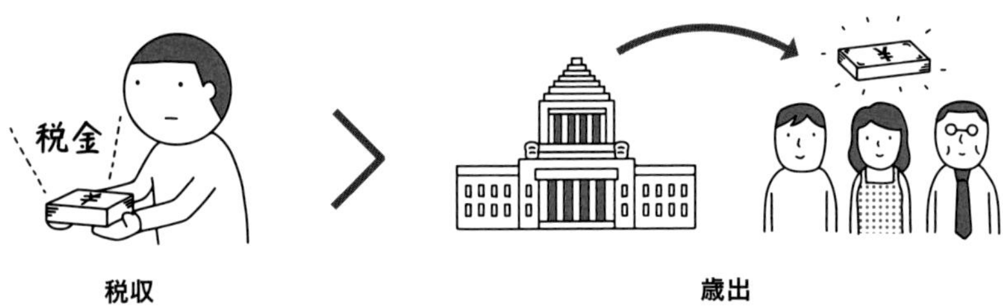

しかし、一般歳出が税収より大きくなると、税収に加えて国債発行による収入をあてることになります。プライマリー・バランスは赤字の状態です。

プライマリー・バランスを保つためには大幅な歳出カットとともに、消費税などの増税によって歳入を増加させるという、歳出歳入改革が必要とされます。しかし、その改革を進めていったとしても、プライマリー・バランスを均衡化するのは並大抵のことではありません。

3 **元利金払い**／利子と償還金の支払い。

4 **名目成長率**／物価の変動による影響を含んだGDP（国内総生産）の伸び率。

プライマリーバランス均衡

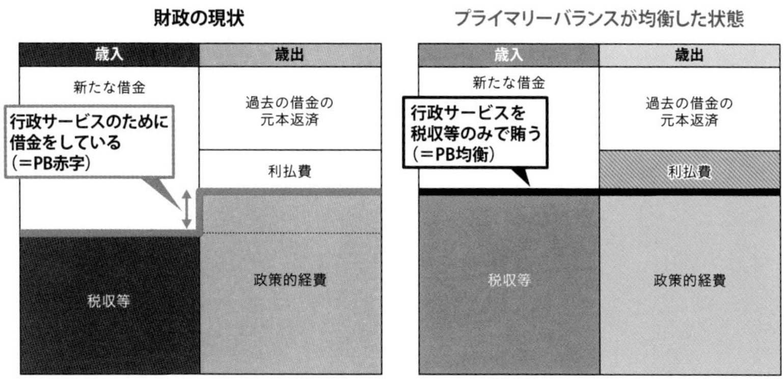

それでも、日本政府の信認を維持するためにプライマリー・バランスの均衡は必要です。

建設国債や赤字国債は将来の税収を担保に発行された国債です。いずれ国民の税金で返していかなければなりませんが、現在の国債残高をすべて短期間に返済することは、現実的には不可能です。国債の借り換えを繰り返して、ある程度赤字財政を維持していくことになります。この持続可能性のことを「サステナビリティ」とも呼んでいますが、サステナビリティの維持には日本政府に対する信認が必要です。

サステナビリティを維持し、プライマリー・バランスの黒字化に向けて政策を進め、国債残高そのものを減少させていく。日本政府はこの方向に努力していく必要があります。

1 日本国債への信認が維持されることが重要

2 プライマリー・バランスの黒字化目標が必要

3 国債残高を減少させていく方向に向けて努力する必要がある

赤字を気にせず

国債発行を

ある程度許容

MMTという考え方の問題点

一時、MMT（現代貨幣理論）という理論が
メディアなどでも取り上げられました。
どうやら一時的な流行に止まったようです。

「インフレにならない限り国債を発行してもよい」という考え方

MMT（現代貨幣理論）とは、現代貨幣理論とも呼ばれる新たな経済理論で、従来の主流派経済理論とは大きく異なるとされています。

通貨の発行者である政府は、負債が増えても通貨を発行することで返済できるので、財政赤字が膨らんで債務不履行になるというような問題は生じない。インフレが起きない範囲で、財政赤字になるとしても、国は市場の需要に応えて支出を行うべき、と現代貨幣理論では主張されています。

これは日本が証明しているとの見方もありました。日本の財政赤字は大きく膨らんでいますが、債務不履行にはならず、それを警戒しての国債利回りの急騰もありません。このため、経済活性化のために、もっと財政を拡大しても問題はないといった意見も見られました。

ここで注意する必要があるのは、「インフレにならない限り」という部分です。

2021年中頃から、欧米の物価指数が上昇し始めました。2022年に入ると、それは加速していきました。つまりインフレが発生したのです。

このインフレのきっかけが、新型コロナウイルスの感染拡大でした。

MMTの概要

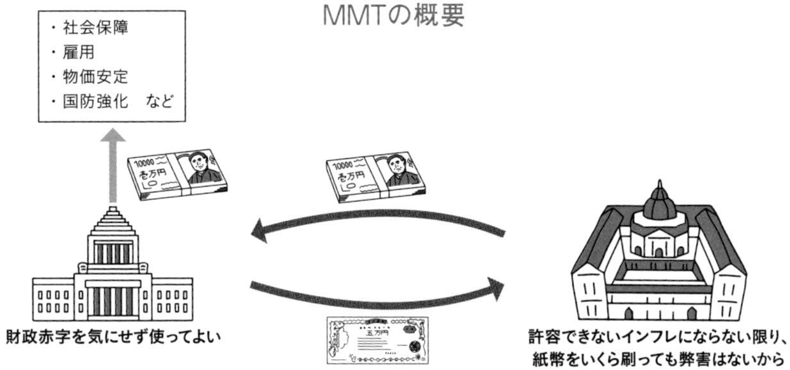
・社会保障
・雇用
・物価安定
・国防強化　など
財政赤字を気にせず使ってよい
許容できないインフレにならない限り、
紙幣をいくら刷っても弊害はないから

人や物の移動が途切れたことで、経済には下押し圧力がかかりました。これに対し、各国政府は積極的な財政政策を打ち出し、中央銀行も積極的な金融緩和策を推し進めました。このあたりまではMMTに即した動きと見る向きもあったかもしれません。

ところが、新型コロナウイルスへの過度の恐怖が後退し、経済が正常化に向かったことで、状況が変化しました。モノやサービスの需要に対し、物流の停滞や人手不足などが原因で一時的に供給が追いつかない事態（サプライチェーン問題）が発生したのです。これが物価上昇のきっかけとなりました。

そこにロシアによるウクライナ侵攻が起こり、エネルギー価格や原材料価格が上昇、世界的な物価の上昇を促しました。それに対して、欧米の中央銀行は積極的な利上げに踏み切り、欧米の金利は上昇することとなりました。

MMTでいう「インフレにならない限り」という条件は「金利が上昇しない限り」という言葉にも置き換えられます。もし金利、この場合はとくに国債利回りが物価上昇に合わせて大きく上昇すれば、政府の利払い費が膨らむことで、財政への懸念が強まることにもなりかねません。

金利も物価も当然上げ下げします。この理論は物価が低迷し、金利が上昇しないなかでは、いかにも正しいように見えましたが、それは見せかけにすぎませんでした。リスクはむしろ蓄積されることになっていたのです。

MMT理論を覆したトラスショック

2022年9月に就任した英国のトラス首相は首相就任からたった45日で、辞任に追い込まれました。

トラス政権は1972年以来の大規模な減税を打ち出しました。クワーテング英財務相は不動産購入時の印紙税を削減し、個人や企業が直面する光熱費の高騰に対し、今後6か月間で600億ポンド（約9兆5000億円）を拠出して支援することを確認。高額所得者に対する45%の所得税最高税率を廃止し、基礎税率も20%から19%に引き下げました。ロンドンの金融街シティに対する規制自由化も約束し、バンカーの賞与制限は撤廃しました。

トラスショック

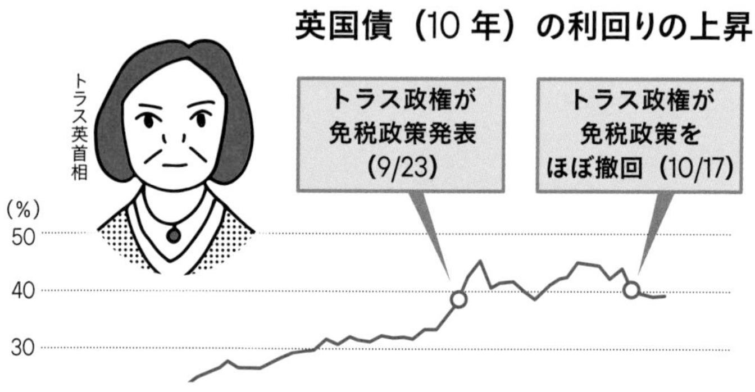

これに対して、英債務管理庁（DMO）は、2023会計年度の国債発

行額が1939億ポンドに増額されると発表しました。4月時点で計画されていた1315億ポンドから大幅な増額となりました。
トラス政権はまさに「自国通貨を発行できる政府は、インフレにならない限り、大量の国債発行をある程度許容する」と認識していたと思われます。

イングランド銀行は9月22日に0.5%の利上げ決定を発表し、保有する英国債の市場での売却を始めると発表しました。これを受けて英10年債利回りは、16日の3.31%から3.49%まで上昇します。ここにトラス政権の大型減税と国債増発が加わって、火に油が注がれた格好でした。

翌23日のロンドン市場では、英国債の利回りがさらに急騰しました。2年国債利回りは前日より一時、0.4%あまり上昇して4%を上回り、2008年10月以来約14年ぶりの水準となったのです。政府債務増加への懸念とともに、減税策がインフレをさらに加速させかねないとの懸念も強まりました。
英国債は、まさに炭鉱のカナリア機能[1]を発揮したといえます。政府債務やインフレの懸念が長期金利の上昇で示されたのです。

外国為替市場ではポンドが急落、一時1ポンド1.08ドル台前半と大きく下げ、対ドルで1985年以来の安値水準を更新していました。

1 MMTという理論は、インフレにならない限りという条件付き

2 2022年あたりからインフレが始まる

3 トラスショックがMMT理論を覆す

1 **炭鉱のカナリア機能**／炭鉱で有毒ガスが発生した場合、人間よりも先にカナリアが察知するため、その昔、炭鉱労働者がカナリアを籠にいれて坑道に入ったことに由来。危険察知機能。

8-6 国債への信認維持の重要性

現在の日本の財政事情を見る限り、
日本国債の信認が試される時がいずれやってくる可能性があります。
トラスショックのような事態が
引き起こされる恐れも念頭に入れておきましょう。

日本国債暴落の危険性

幸田真音さんのベストセラー『日本国債』が発行されたのが2000年11月のことです。その頃から日本国債の暴落が懸念されていました。

しかし、そうした懸念に反して、現実として個人の金融資産は伸び続け、日銀による大量の国債買入もあり、それから20年以上たった2023年現在も、大量の新規国債発行が続いています。

ただし、これからも多額の新規国債を発行し続けられるかについては、不透明感も出てきています。その理由のひとつとして、日本の経常黒字の減少があげられます。

財務省が発表した国際収支統計によると、2022年の日本の経常収支は11兆4432億円の黒字となっていました。黒字額は前年よりも10兆1478億円減り、過去最大の減少幅です。

経常収支とは、外国との取引を記録したものです。経常収支が黒字であるというのは、輸出が輸入より多かったり、配当金の受取が支払いより多かったりした結果、外国に払う以上に受け取っており、国内に資金余剰がある状態です。

経常収支の推移

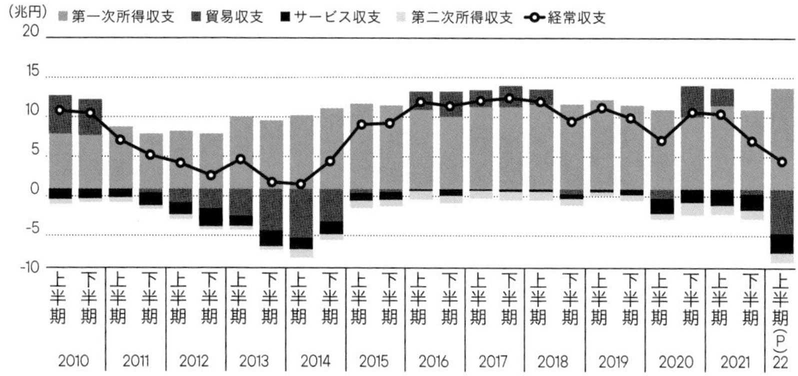

(備考) Pは速報値をあらわす。　　出典:財務省「令和4年上半期中 国際収支状況(速報)の概要」

日本が海外で稼ぐ力が減り、経常収支赤字(=国内がカネ不足)になれば、家計と企業の余剰資金で国債購入を賄えなくなります。つまり、従来以上に海外投資家にも国債購入を頼ることになります。

日本国債が安定消化されている大きな要因に、国内資金で賄えるということがあります。そこに疑問符が付くと状況は変わります。

日銀が買い入れるから大丈夫との見方もあると思いますが、そもそも日銀の巨額の国債買入にも大きな問題があります。148ページでも述べたように、無制限毎営業日連続指し値オペにより、新発の10年国債をすべて買い上げるといった事態も発生しました。

今後、国債の買い手が見あたらず、日銀が国債を買わざるをえないとなれば、それは金融政策ではなく財政政策に組み込まれたものと認識されかねません。それは財政法で禁じられている日銀による国債の直接引き受けにほかならないのです。

日銀による国債の直接引受は国債の安定消化の手助けとなるかもしれません。しかし、一旦それをし始めると、止めることはできなくなります。誰の痛みも伴うことなく借金が可能なように見える状況をストップさせることは不可能となります。

最終的にはハイパーインフレを引き起こし、債務帳消しを図ることになりかねません。日銀にインフレターゲット[1]を導入させればインフレは制御できるとの主張もあるようですが、日銀は直接物価をコントロールすることはできないと、2013年から10年をかけて証明しました（日銀の物価目標は全国消費者物価指数の除く生鮮で前年比2%上昇。対して2013年度から2022年度年の実績は前年同月比が平均で0.65%上昇。消費税の影響込み）。あくまで過度のインフレやデフレを抑えようと側面から支援するのが本来の金融政策なのです。

しかも、政府や日銀に対する信認が失墜し、それによりハイパーインフレを引き起こしてしまうと、戦後の日本のように、金融政策によって抑えることも難しくなります。

ハイパーインフレにより最も被害を受けるのが日本の国民であることは、太平洋戦争後の日本の状況を見ても明らかです。戦争による直接の被害よりも、政府債務による帳消しのほうが、国民への被害規模は数倍大きかったとされています。

このような事態を引き起こさないためには、少しでも早く財政再建を図るしかないのです。新規で発行される国債の量を削減し、債務残高の増加を抑制しなければなりません。そして、債務残高をなるべく抑えるようにコントロールしていく必要があるのです。そうすれば、巨額の債務を抱えていても、財政を維持していくことは可能なはずです。

1 経常収支の減少によりリスクが生まれる

2 日銀の国債引受となってしまうリスクもある

3 ハイパーインフレを引き起こし、債務帳消しを図る懸念も

1 **インフレターゲット**／インフレ率に対して政府・中央銀行が一定の範囲の目標を定め、それに収まるように金融政策を行うこと。

87

1998年以降の長期金利2%の壁

1999年2月に長期金利が2.440%をつけて以来、
長期金利は2%が大きな壁となり
2%以内での低位安定が続いています。
2%は日本の長期金利にとって大きな壁となっています。

バブル崩壊後の失われた長期金利

失われた30年などといわれることもありますが、バブル崩壊後の日本の経済は低迷するとともに、金利も失われてしまいました。とくにここ20年程度の長期金利は低迷し続けてきたのです。1999年2月に2.440%をつけて以来、2%以内での定位安定が続いていて、2%が大きな壁となっています。

2%に接近したのはたとえば2000年9月の1.990%、2004年6月に1.940%、2007年6月に1.985%がありましたが、それぞれ2%が壁となって跳ね返されました。

日銀は1999年2月に、当時の政策金利である無担保コール翌日物[1]の誘導金利をゼロ%とするゼロ金利政策を導入し（政策金利はゼロ以下には出来ない前提だったためここが下限と認識された）、2008年8月に解除しました。しかし、2001年3月に量的緩和政策を導入せざるをえなくなります。この背景にあったのが、景気の低迷とともに、デフレ圧力が強まったことでした。

デフレそのものが安全資産である国債への買い圧力につながるだけでなく、量的緩和政策の導入により日銀が積極的に資金を供給したことで、

1 **無担保コール翌日物**／金融機関同士で、今日借りて明日返すといったような1日で満期を迎える短期の、担保を預けずに行う取引。

その資金が国債に向かったのです。

これによって大手銀行などを主体に国債保有額が増加しました。さらに日銀は量的緩和策の一環として国債買入を増額し、これも国債需給にプラスに働きました。

1999年2月以降の長期金利上昇要因

それでは1999年2月以降に長期金利が2%台に乗った、もしくは2%に接近した際の要因を確認してみましょう。

1999年以降の長期金利

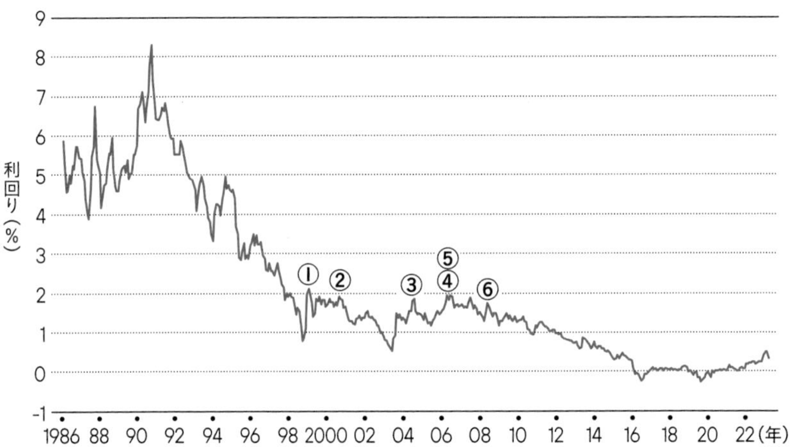

①1999年8月に2.040%をつけたときには、当時の小渕首相が1999年度第2次補正予算の編成を柱に、積極的に景気を下支えしていく考えを打ち出したことなどが要因でした。

②2000年9月の1.990%は、8月に日銀がゼロ金利政策を解除したあとだけにやや神経質となったことでつけられました。

③2004年6月に1.940%をつけた背景には景気の回復がありました。

④2006年4月に2.000%をつけたのは、3月に日銀が量的緩和政策を解除したことに加え、米国の10年債利回りが3年10か月ぶりに5%の大台に乗ったことなどが背景にありました。

⑤2006年5月に2.005%をつけたのは、日銀によるゼロ金利解除の可能性が強まっていたことなどが要因となりました。日銀は翌7月にゼロ金利政策を解除しています。

⑥2007年6月に1.985%をつけたのは米国長期金利が5%台に上昇したことで、日本の長期金利にも上昇圧力が加わりました。

このように日銀の金融政策や米国長期金利の上昇などが、日本の長期金利の2%接近要因となったのです。その多くに海外ヘッジファンドによる売り仕掛けがあったことが指摘されています。

日本国債の需給を悪化させる主たる材料に、海外ファンドによる日本国債への売り仕掛けがあるということになります。しかし、そうした売り仕掛けも、結局は長期金利の2%という壁に跳ね返されてきました。

これによって債券市場参加者の心理に、2%が大きな壁として存在していることが予想されます。今後も日本の長期金利にとって、2%が大きな壁となり続けることが、十分に予想されるのです（ただし、次ページで解説するように2%を超える可能性もあります）。

1 日本の長期金利は1999年以降、2%が大きな壁に

2 幾度となく2%で跳ね返されてきた

3 今後も2%が大きな壁となる可能性が高い

含み損が発生
日銀や金融機関に
大きな損失

8-8

長期金利が2%に上昇したらどうなるのか

いざ長期金利が2%に上昇したら、
日銀や民間銀行が保有する国債では評価損が発生します。
国債の元利払いにあてる国債費も膨張するため、
個人にも日銀が利上げするかは大きな影響を与えます。

長期利率上昇により発生する含み損

日銀の内田真一副総裁は2023年3月29日の衆院財務金融委員会で、長期金利が2%に上昇した場合、日銀が保有する国債の含み損が約50兆円になるとの試算を明らかにしました。長期金利2%というのは大きな節目となっているのです。

それでは日本の長期金利が2%を超えることはありえるのでしょうか。もし日銀がイールドカーブ・コントロールを止めたら、長期金利は再び市場で形成されることとなります。ファンダメンタルズと呼ばれる景気や物価動向、さらに国債の発行額やそれに対して投資家の購入スタンス、そして欧米の長期金利の動向などによって動くことになります。

2022年から2023年にかけて消費者物価指数（除く生鮮）の前年同月比が2%を超えており、これだけを見ても、じつは日本の長期金利は2%を超えてもおかしくない状況なのです。欧米の長期金利を見ると、2%を上回っています。2%は決して突拍子もない現実味のない数値ではありません。

財務省が2023年度予算案をもとに2026年度までの歳出や歳入の

見通しを推計した「後年度影響試算」によると、国債の元利払いにあてる国債費は想定した金利でも膨張が避けられないうえに、さらに1%上昇すれば3.6兆円上振れすることがわかりました。

国債の利払い費を見積もる際の「積算金利」とは2022年度予算案の想定金利の1.1%に市場の将来予測を加味した金利で設定しています。つまりそこから1%上昇するということは2.1%となり、2%を超えた場合の試算となります。

後年度影響試算の抜粋

単位:兆円

金利 (前提からの変化幅)	2023年度 国債費	2024年度 国債費	2025年度 国債費	2026年度 国債費
+2%	+0.0 (25.3)	+1.5 (28.3)	+4.0 (32.4)	+7.2 (37.0)
+1%	+0.0 (25.3)	+0.7 (27.6)	+2.0 (30.4)	+3.6 (33.4)
-1%	+0.0 (25.3)	▲0.7 (26.1)	+2.0 (26.5)	+3.2 (26.6)

10年国債の利回りが2%に上昇した場合には、社債などを含めて、金融機関が保有する債券に評価損が発生することが考えられます。

2023年3月に起きた米国の地銀のシリコンバレーバンク(SVB)の破綻の原因のひとつに、顧客の預金引き出しに対応するため、保有する米国債などを売却し、多額の損失が発生していたことが上げられています。米国の長期金利の上昇によって評価損が実現損となってしまい、その損失額を見て預金者の不安がかき立てられたとされています。

同様の事態が起きるかどうかはさておき、金融機関が保有する債券において評価損を抱えてしまうことには注意が必要です。

一方、10年国債の利回りが2%に上昇しても、日銀の政策金利(短期金利)はゼロ近辺に止まる可能性が高く、短期金利と長期金利の差が大きくなるため、金融機関にとっては借り入れ金利となる預金金利と、貸し出しや国債などでの運用利回りの差(利ざや)が拡大するため、収益チャンスとなります。

個人では住宅ローンなどにも影響

個人にはどのような影響があるでしょうか。住宅ローンの金利については、長期金利に連動する固定タイプの金利が上昇することが予想されます。変動については日銀が政策金利(短期金利)を上げるかどうかです。

住宅ローンの固定金利は10年物国債の利回りである「長期金利」などを元に決められます。また、変動金利は、金融機関独自で設定される短期プライムレートなどの基準金利によって決められますが、短期プライムレートそのものが、日銀の政策金利（短期金利）に連動します。

日銀は長短金利操作付き量的・質的緩和策を行っていますが、長短金利操作のうちの短期金利が変動に、長期金利が固定に影響を与えることとなるので、住宅ローンは日銀の金融政策次第ということになります(YCCが解除されると長期金利は市場で形成されます)。

住宅ローンのイメージ

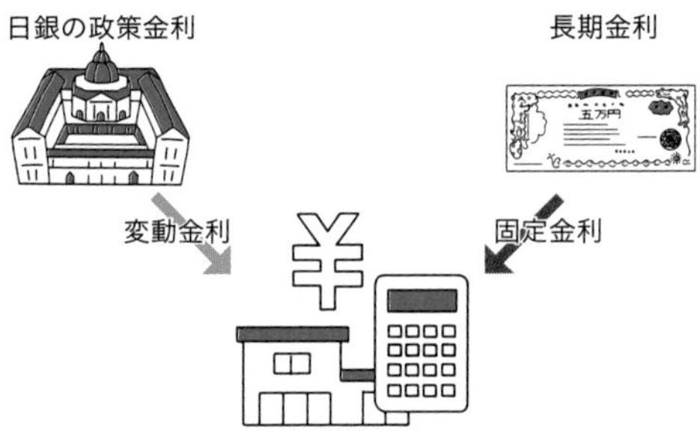

1 長期金利が上昇すると国債の評価損が発生

2 国債の元利払いにあてる国債費も膨張する

3 個人の住宅ローンなどにも日銀が利上げをしてくるかが影響

第 9 章

日本の国債市場の歴史

01

国債フルディーリングと債券先物の開始

日本で債券市場が本格的に機能しはじめたのは、1985年からといえます。国債の発行量の増加とともに、それを売り買いする流通市場の整備が本格化したのです。以降の流れを順を追って整理していきます。

債券先物の上場と急落

1985年6月に金融機関の債券のフルディーリングが開始されました。債券のディーリング業務とは発行済の債券を売買する業務で、それまでは証券会社にしか認められていませんでした。それが銀行などにも認められ、国債を大量に保有していた銀行が債券市場に本格参入してきたのです。

そして、この年の10月に東京証券取引所に日本で初めての金融先物市場が誕生しました。債券先物取引（長期国債先物取引）が開始されたのです。

債券先物は本来、ヘッジ（リスク回避）に使われるもののはずでした。しかし、取引所で、しかもわかりにくい「利回り」でなく「価格」で売買できるという便利さから、銀行や証券会社が債券先物の売買に参入してきたのです。

債券先物は上場してからまもなくして急落しました。プラザ合意を受け、11月24日に日銀が短期金利の高め誘導を実施したためです。

プラザ合意とは、米国の財政赤字と貿易赤字という双子の赤字を解消するため、為替をドル安方向に誘導するというものでした。日銀は短期金利を高めに誘導して、外為市場をそれに沿った動きにすることで、円高ドル安に誘導しようとしたと思われます。

短期金利を上げると長期金利も上昇します。つまり、国債価格が下落することとなり、債券先物の価格が急落したのです。

債券先物の急落により、大量の売り注文が出され、2日間値がつきませんでした。1985年10月24日の債券先物の引け[1]は101円63銭で25日、26日は値がつかずストップ安のままとなり、28日に96円63銭で寄り付き[2]ました。その後も下げて、11月14日に当時の安値89円82銭をつけています。

債券バブルとその終焉

1987年には円高が進行したことや、日銀が短期金利の低め誘導を実施したことから、債券は当時の指標銘柄であった10年89回債や債券先物主体に積極的に買われました。いわゆるディーリング相場[3]となります。

プラザ合意から大規模金融緩和へ

プラザ合意
円高ドル安
不況？
不況になる！
金融緩和だ！

ちなみに、10年89回債は、1986年11月に国債の指標銘柄になっています。当時は、10年国債のなかで発行量が比較的多く、売買高の最

1 **引け**／取引時間内の最後の売買のこと。

2 **寄り付き**／取引時間内の最初の売買のこと。

3 **ディーリング相場**／証券会社や銀行などが、自社資金を使って金融資産の売買を行っている状態。

も多い国債のことを指標銘柄といいました（現在は10年国債で直近に入札されたものを指します）。89回債は市中向け発行量が2兆7,075億円に達し、当時としてはかなり大型の指標銘柄でした。

1987年5月14日に89回債は10年債でありながら利回りが2.55%に低下し、2.5%の公定歩合に接近しました。イールドカーブの項目（64ページ）でも説明をしましたが、金利は通常、短期金利が低く、長期金利が高くなります。それが逆転するとなると、何かしら特殊な事態が起きていることになります。

1987年5月14日の利回り低下は、大手証券が国債の買い仕掛けを行ったことで、長期金利が異常に低下してしまい、長短金利が接近するという事態に至ったのです。

この当時、日本相互証券の端末には、89回債の売りが、2.555%に約3000億円、2.55%には約2000億円もまとまって並んでいたのですが、それが一気に買い上げられました。これを買ったのは、「公定歩合が高すぎる」というコメントを残した大手証券会社のチーフディーラーだったともいわれています。結局、ここで債券バブルは終焉を迎えました。

公定歩合による調整

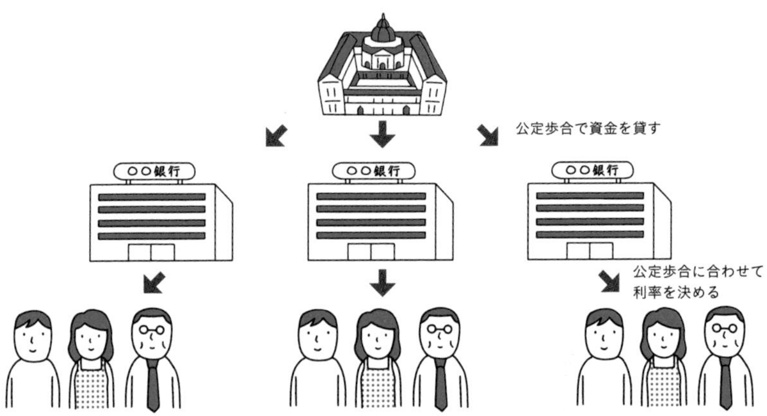
公定歩合で資金を貸す
○○銀行
○○銀行
○○銀行
公定歩合に合わせて
利率を決める

債券バブルの崩壊により、金融機関のみならず、事業法人でも債券相場において大きな損失が発生しました。1987年9月2日、タテホ化学工業が債券先物取引において286億円もの損失を出したことが明らかになったのです。

このニュースにより、債券市場では「タテホ・ショック」が引き起こされ、債券相場は暴落（長期金利は急上昇）しました（177ページ）。9月3日から5日までの3日間で89回債の利回りは1%あまりも上昇しています。

大蔵省資金運用部ショック

1998年11月20日付けの日経新聞に「大蔵省は1998年度の第3次補正予算で、新規発行する国債12兆5,000億円のうち10兆円以上を市中消化する方針」という、小さな記事が掲載されました。

これは、郵貯や簡保の資金を運用していて、当時最大規模の国債保有者だった大蔵省（現財務省）資金運用部の国債引き受け比率が、今後大きく減らされることを意味していました。

これをきっかけに1998年末の債券相場は急落しました。この急落は「資金運用部ショック」と呼ばれています。

資金運用部の買い入れが1月から中止されるとの正式アナウンスもあり、12月22日の債券先物は1998年8月以来のストップ安[4]となりました。これを現在で例えるならば、日銀が国債買いオペを中止するとアナウンスするのと同じような衝撃でした。

債券先物には値幅制限[5]があり、当時の変動幅は前日引け値から上下2円でした。ストップ安になったということは、前日の引け値から2円下落したということになります。先物がストップ安となり、それ以上売れないため、現物債が売り込まれることとなりました。

4 **ストップ安**／相場変動による混乱を防ぐために設定された値幅の限度まで暴落すること。

5 **値幅制限**／急激な相場の変動を防ぐために1日の変動幅を一定に制限すること。

ゼロ金利政策の解除と量的緩和

長期金利の落ち着きを見てか、2000年4月に入り、当時の速水日銀総裁は、ゼロ金利を解除する姿勢を示しました。実際にゼロ金利政策が解除されたのは、8月11日の決定会合においてでした。

政府はこの時、ゼロ金利解除は時期尚早として、議決延期請求権（金融政策決定会合[6]に出席している政府関係者がもつ、決定会合の議決延期を請求する権利）を行使しました。議決延期請求権が行使されたのは、この時が初めてのことでした。

長期金利上昇抑制対策としてのゼロ金利を解除するには、日銀は政策金利の引き上げというかたちを取らざるをえません。それが政府の反発を招いたのです。

量的緩和政策の登場

このゼロ金利解除は、タイミングとしては最悪となってしまいました。日銀のゼロ金利解除にはデフレ懸念の払拭が要件とされたのですが、むしろデフレの懸念が強まることになってしまったのです。

米国景気を支えたITバブルが崩壊し、ハイテク企業の業績により、かろうじて支えられていた日本経済も、その影響を受けたのです。デフレ懸念は強まり、景気はさらに悪化しました。

日銀は2001年3月19日の金融政策決定会合において、これまでの金融政策方針を180度変えて、金融市場調節の主たる操作目標を、無担保コールレートから日本銀行当座預金残高に変更しました。いわゆる量的緩和政策を実施しました。政策金利をゼロにするのでなく、政策目標を金利ではなく量に振り替えたのです。

6 **金融政策決定会合**／日銀の金融政策に関して審議・決定するための会合。日銀の政策委員会に加え、政府代表がオブザーバーとして参加する。

政策金利を引き下げる金融緩和は、当時マイナス金利政策は考慮されていなかったためゼロ%が下限で、さらなる金利引下げ（金融緩和）はできません。一方、量的緩和では、金利がゼロ%に張り付いても市場に潤沢な資金が供給可能となり、緩和効果を期待できるとの見方によるものです。

2003年6月には「VARショック」と呼ばれる国債暴落が発生しました。これは銀行のリスク管理手法に問題があったことが影響しており、じりじりと10年債利回りが0.430%にまで低下しました。大きな動きがなかったことで、銀行が取れるリスク量が増加。各銀行は国債を大量に購入することになりました。しかし、その長期金利の低下も行き過ぎ感が出たことで大きなポジション調整[7]が入り、国債価格が大きく下落（長期金利は上昇）したのです。

量的緩和政策

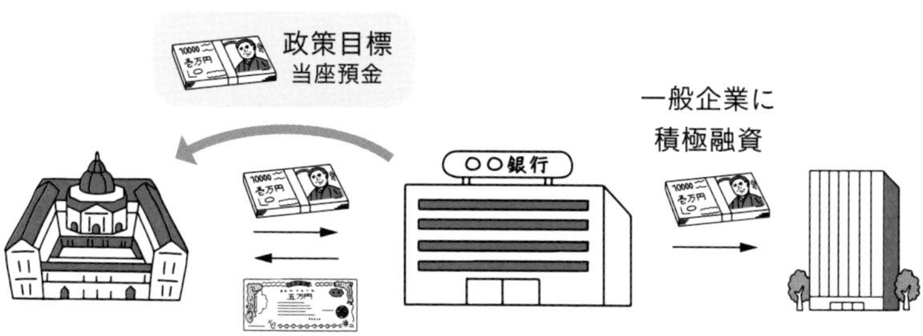

リーマンショックと欧州の信用不安

2008年9月15日にリーマン・ブラザーズという大規模金融機関が破綻したことで、金融市場は極度の不安に陥りました。この経済不安はリーマンショックと呼ばれました。

7 ポジション調整／投資家が抱えていたポジションを調整すること。この例では買いポジションを減らした。

また、2010年1月に欧州委員会がギリシャの統計上の不備を指摘したことが報道され、ギリシャの財政状況悪化が表面化。今度は欧州の信用不安が世界の金融市場を震撼させました。

2010年8月、日本の長期金利は2003年以来7年ぶりの1%割れとなりました。これは欧州の信用不安を受けたリスク回避によるものです。日本国債はより安全な資産とされ、資金が日本国債に向かうことで日本の長期金利が低下したのです。

欧州の信用不安はイタリアなどに拡がりを見せ、イタリアの10年債利回りが7%台に上昇しました。長期金利7%は、アイルランドやポルトガルが金融支援を余儀なくされた水準であり、ここを超えると国債への信認が失墜しかねない水準といえます。

ECB[8]のドラギ総裁は2012年7月にユーロ存続のために必要な、いかなる措置をも取る用意があると表明しました。ECB理事会では償還期間1〜3年の国債を無制限で買い入れることを決定したのです（通称OMT）。このOMTは利用されることはなかったものの、その存在が市場の動揺を抑える役割を果たしました。

1〜3年の国債を無制限に買い入れると表明することにより、売られていたスペインやイタリアなどの国債が買われ、それらの国の国債の利回り低下によって次第に危機が後退することになりました。

1 1985年あたりから債券ディーリングが開始

2 1998年の資金運用部ショックや2003年にVARショックが起こる

3 欧州の信用不安により、イタリアの長期金利は7%まで上昇

8 ECB／欧州中央銀行のこと。ユーロ通貨圏の中央銀行で、本部はドイツのフランクフルトにある。

アベノミクス登場

アベノミクスの大きな柱は積極的な金融緩和策です。
中心となったのは、日銀が国債を大量に買い入れることによって
物価を上昇させるという策でした。
その後の債券市場にも大きな影響を与えます。

日銀に国債を買わせるという策

2012年10月31日、日銀総裁と財務相・経済財政相との連名による「デフレ脱却に向けた取組について」が公表されました。日銀と政府が共同文書を公表するのは初めてのことでした。

同年11月16日に衆議院が解散され、翌17日に安倍自民党元総裁は熊本市内の講演で、衆院選後に政権を獲得した場合、金融緩和を強化するための日銀法改正を検討する考えを表明しました。

そのうえで、「建設国債をできれば日銀に全部買ってもらう、新しいマネーが強制的に市場に出ていく」と述べたのです。同日の山口市での講演でも安倍元総裁は、「輪転機をぐるぐる回して、日銀に無制限にお札を刷ってもらう」と発言しました。アベノミクスの原点はここにあります。

安倍自民党元総裁がリフレ政策を打ち出すような発言をし、円安の流れに拍車をかける格好となりました。衆院解散が表明された2012年11月14日に79円台となっていたドル円相場は、2013年5月には100円台をつけるなど、円安ドル高が急ピッチで進行したのです。株式市場では政権交代への期待とともに、円安の動きも相まって日経平均株価は

大きく上昇、2012年11月14日の8,600円台から、2013年5月には15,000円台に上昇しました。

リフレ政策とは

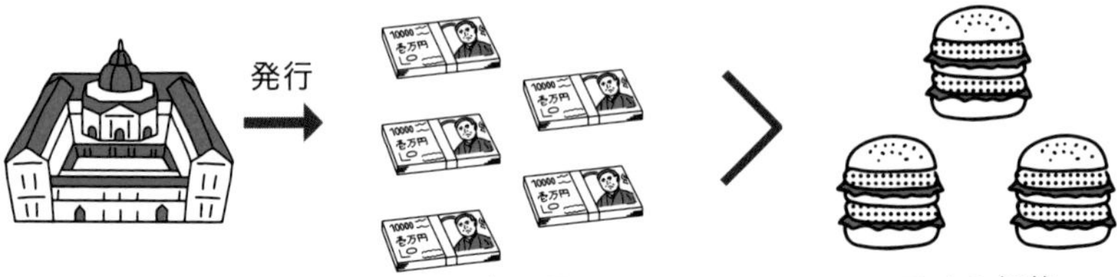

世の中に出回る資金の量を増やすなどの方法で、物価水準を上げ、デフレ脱却を図る。

異次元緩和の登場

日銀は2013年4月4日の金融政策決定会合で、「量的・質的金融緩和」の導入を決めました。異次元緩和という通称で知られています。消費者物価指数の前年同月比上昇率2%を「物価安定の目標」と定め、2年程度の期間を念頭に、できるだけ早期に実現するとしました。2%の物価目標を2年程度で達成させることが、異次元緩和の最大の目標なのです。

この実現のために、マネタリーベース(現金通貨と日銀の当座預金残高)および長期国債・ETF(上場投資信託)の日銀の保有額を2年間で2倍に拡大すること、長期国債の平均残存期間を2倍以上とする、つまり、より長い期間の国債を大量に買い入れることを揚げました。これによってどうして物価が上がるのかが、当時から大変疑問でした。

金融調節の操作目標を、それまでのに無担保コール翌日物から、マネタリーベースの量に戻したうえで、量を大胆に拡大させることによる金融緩和効果を狙ったのです。

日銀によるマイナス金利政策

2016年に入り、原油安やその要因ともなった中国の景気減速への懸念などから、急激な円高株安が進行しました。

原油安などによるデフレ圧力に対処するため、2月29日の金融政策決定会合で「マイナス金利付き量的・質的緩和の導入」が決定されます。欧州の中央銀行で政策金利をマイナスにするというマイナス金利政策は導入されていましたが、究極の金融緩和策のひとつといえます。

マイナスの付利は2月16日（次の積み期間）から適用されることとなりました。しかし、このマイナス金利政策の導入決定により、実施を待たずに国債のイールドカーブは大きく押し下げられます。

2月9日には10年国債の利回りがマイナスとなりました。さらに7月6日には、20年国債の利回りも、マイナス0.005%をつけています。

これほどまでに国債利回りが低下するのは、異常な事態といえました。国債利回りのマイナス化は、利ざやの縮小により金融機関の収益悪化を招くこととなり、日銀は金融界から批判を受けることとなります。

長短金利操作付き量的・質的金融緩和の導入

日銀は9月21日の金融政策決定会合において、「長短金利操作付き量的・質的金融緩和」と名付けられた金融政策の新しい枠組みの導入を決めました。これは長短金利の操作を行う「イールドカーブ・コントロール」と消費者物価上昇率の実績値が安定的に2%を超えるまで資金供給拡大を継続する「オーバーシュート型コミットメント」が柱となります。

これを受けて「マネタリーベースの目標値」がなくなり、金融政策の目標がマネタリーベースという「量」から、長短金利という「金利」に戻された格好となったのです。これにより、量、つまりマネタリーベース目標による制約を受けることがなくなり、国債の買い入れについて柔軟な対応が可能となりました。

日銀の指し値オペ

2017年2月3日に、日本の10年債利回りは0.115%という高い水準まで上昇しました。日銀はこの日、通常のオペタイム（10時10分）ではなく、12時半というイレギュラーな時間帯に「指し値オペ」をオファーしています。通常、日銀のオペレーションが通知される時間は10時10分と14時となっています。

指値オペとは日銀が新発国債を日銀が指定した利回りで無制限に購入するというオペで、長期金利の上昇を抑制する働きを持っています。その半面、10年新発債の市場での流通量を減少させ、債券市場の機能を失わせかねないものとなります。

指値オペが初めて実施されたのは2016年11月17日のことですが、この時は実勢利回りが指し値よりも低下していたため、応札額はゼロとなりました。

それに対して2017年2月3日の国債買入では、10年利付国債345回で見た買入利回りは0.110%となりました。前場の10年債利回り水準は0.140%近辺となっていました。0.110%で日銀に売ったほうが高く売れたため、今度は空砲とはならなかったのです。

翌3日の指し値オペが奏効した格好となり、これを受けて10年債利回りは0.1%を割り込みました。

長短金利操作のレンジを拡張

2018年7月31日の日銀金融政策決定会合では、それまでの長短金利操作付き量的・質的緩和政策の大枠はそのままに、内容の一部を修正してきました。

長短金利操作（イールドカーブ・コントロール）については、大枠に変更はないものの、「金利は、経済・物価情勢等に応じて上下にある程度変動しうるもの」として水準レンジを広げることを示しました。

黒田総裁の会見から、水準についてはこれまでの「倍」との表現が出ていました。つまりマイナス0.1%からプラス0.1%とのレンジが、マイナス0.2%からプラス0.2%になったと考えられます。

新型コロナウイルスの世界的な感染拡大が驚異に

2019年末、中国で新型のコロナウイルスによる肺炎が発生しました。この感染症は、中国内に止まらず、米国や日本を含め、世界中に拡大していきました。

新型コロナウイルスの世界的な感染拡大を受けて、景気は大きく悪化。物価も下落し、債券先物は2020年3月9日に155円61銭を付け、過去最高値を更新しました。

3月12日の米国株式市場では、一時サーキット・ブレーカー[1]が発動するなど大幅な下落となり、ダウ平均株価は前日から2,352ドル安となり、過去最大の下げ幅を更新しました。下落率も10.0%と、1987年10月19日のブラックマンデーで記録した22.61%以来の大きさです。

1 **サーキット・ブレーカー**／価格が急変動した際に、取引を一時中断すること。投資家に冷静な判断を促す狙いがある。

欧米との金利差を受けて円安進行

2022年は世界的に物価や金利を取り巻く情勢が様変わりした年になりました。年初から円安が進行し、ドル円相場は5年ぶりの116円台を付けています。円安の要因は金利差にありました。

またロシアでは、ウクライナのロシア系住民を保護するための軍事介入について、2月1日に上院が承認。ロシアの動きがきな臭くなりつつありました。

物価上昇の要因

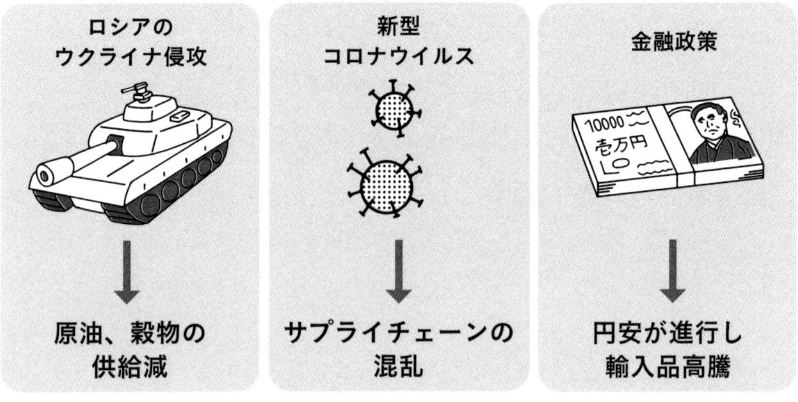

こうしたことが要因となり、欧米の長期金利に上昇圧力がかかります。

日本の金利が海外金利の上昇などに過度に影響されていると判断した日銀は、2月10日の夕刻に14日の日付指定で指し値オペの実施を予告しました。対象銘柄は10年国債363回、364回、365回であり、約3年半ぶりの指し値オペの実施となったのです。利回り水準は365回で0.25%としています。日銀はイールドカーブ・コントロールのために、あらためて無制限買入という強力な手段に訴えたのです。

2 **期近物**／先物で取引されるうち、受け渡し期日が近いもの。

17日間にわたった北京オリンピックが20日に閉幕。24日にロシアのプーチン大統領がウクライナでの軍事作戦を開始すると述べ、ロシアによるウクライナ侵攻が開始されました。

ロシアによるウクライナ侵攻はエネルギー価格とともに穀物などの価格上昇要因となり、世界的な物価の上昇が始まります。

3月4日に小麦先物価格は2008年3月以来の水準に上昇し、トウモロコシ先物も10年ぶり高値を付けました。

3月7日にWTI原油先物は一時130.50ドルと期近物[2]として2008年7月以来の高値を付けました。

その結果、2月の米国の消費者物価指数は、前年同月比7.9%と1982年1月以来約40年ぶりの上昇率になりました。

世界的な物価の上昇を受けて欧米の中央銀行は動きをみせました。金融政策を緩和から引き締めへ転じたのです。

FRB[3]は3月16日のFOMC[4]でFF金利[5]の誘導目標を0～0.25%から0.25～0.50%への引き上げを決定し、ゼロ金利政策を解除しました。2018年12月以来の利上げとなりました。

物価上昇と金利上昇の関係性

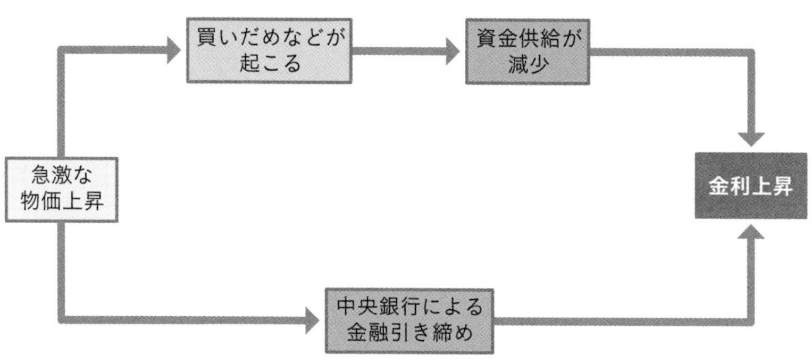

3 FRB／米国の中央銀行制度で定められた最高意思決定機関。

4 FOMC／日銀の「金融政策決定会合」に当たるもの。

5 **FF金利**／フェデラル・ファンド金利のこと。アメリカの中央銀行は、各銀行から預金残高の一定割合を準備預金として預かっている。この過不足を各銀行がやり取りする場合の金利。

3月25日に米国の長期金利は一時2.50%と2019年5月以来の水準に上昇。日本の10年債利回りも日銀の許容レンジの上限である0.250%を付けました。（日銀は2021年3月の金融政策決定会合で長期金利の変動幅は±0.25%程度であることを明確化しました）

こうした事態に、3月28日、日銀は複数日にまたがって国債を決まった利回りで無制限に買い入れる「連続指し値オペ」を実施すると発表。29日から実施しました。一定の期間に指し値オペを繰り返し実施するもので、長期金利の上昇をより強く抑え込む効果が期待できます。

さらに5月2日以降、明らかに応札が見込まれない場合を除き、毎営業日指し値オペをオファーすると発表しました。つまり無制限に毎営業日、指し値オペを連続で行うというのです。

そして6月15日には、債券先物のチーペストとなる356回も指し値オペの対象に加えました。債券先物は理論的にはチーペストと呼ばれる国債価格に連動しており、チーペストを指し値オペの対象に加えるということは、債券先物への仕掛け的な売りも抑え込もうとしたわけです。

日銀は長期金利の変動幅を拡大

2022年12月20日に行われた日銀の金融政策決定会合で、日銀は突如としてそれまでの緩和政策の一部に修正を加えます。国債買入額を大幅に増額しつつ、長期金利の変動幅を従来の±0.25%程度から±0.50程度に拡大したのです。

これはサプライズとなり、10年債利回りが一時0.460%に上昇。債券先物は一時145円52銭まで急落し、サーキット・ブレーカーが発動する事態となりました。

どうしてこのタイミングで変動幅の引き上げを行ったのかは定かでは

6 **外貨準備高**／中央銀行などが外国への支払いのために保有する資産。為替相場への介入にも利用される。

ありません。円安対策という面もあったのかもしれませんが、日銀総裁人事などが絡んでの見えない思惑があった可能性もあります。

年が明け、2023年1月5日に入札された10年国債（369回）の利率は0.5%を付けています。前回12月に入札された368回の0.2%から大きく引き上げられました。

財務省によれば2022年末の外貨準備高[6]は1兆2,275億ドル（約162兆円）となっており、21年末から1782億ドル（12.7%）減る結果となりました。減少は6年ぶりで、比較できる2001年以降では最大の減少率となったのです。

長期金利は再び上昇し、12月13日の10年債カレントの369回債の日本相互証券（BB）で付いた利回りが、一時0.545%と0.500%を超えて上昇しました。仕掛け的な売りが入った可能性もあります。

12月20日に発表された2022年12月の消費者物価指数は、変動の大きい生鮮食品を除く総合指数が前年同月比で4.0%の上昇となりました。本来であれば物価の上昇に合わせて長期金利も上昇するのですが、日銀はイールドカーブ・コントロール（YCC）の再調整をする気配は見せませんでした。

23日に日銀は18日に予告していた貸付期間を5年とする共通担保資金供給オペレーションを実施します。これは、今後5年の間は低金利で日銀が市中銀行にお金を貸すということです。金利の上昇を抑える政策のひとつです。金利抑制の選択肢を増やしたということにもなります。

日銀は発行額以上の10年国債を購入

日銀が2023年1月24日に発表した、保有する国債の銘柄別残高（1

月21日時点）によると、「毎営業日連続無制限指し値オペ」で購入対象となっている10年債カレントの3銘柄である369回、368回、367回債、そして債券先物3月限のチーペストとなっている10年債の358回債について、発行額に対する日銀の保有残高が帳簿上100%を上回ったのです。

日銀による補完供給オペ[7]（現先方式）を通じて該当銘柄を借りた市場参加者が、借りた国債をほかの業者（証券会社など）なりに売却（結果として空売り、ショートとなる）、それを買った業者が日銀に指し値オペを使って売却したためと考えられます。

つまり、空売りした市場参加者は、いずれどこかで国債を手当しなければならないものの、それを手当するまでは、計算上は発行額以上の国債が流通していることになります（空売り分が計算上増加してしまう）。それを含めて日銀が「毎営業日連続無制限指値オペ」で大量に該当銘柄（369回、368回、367回）を買い上げた結果、日銀の該当銘柄の保有残高が発行額を超えるという事態が発生したのです。

日銀による国債買入の額そのものも異常に膨れ上がりました。1月の国債購入額が23兆6902億円。決済日を基準とした月間購入額で22年6月の16兆2038億円を大幅に上回り、過去最高額となりました。物価が上昇している最中に量的な金融緩和を強化しているような格好となっていたのです。

日本の物価の上昇は続き、1月の消費者物価指数は変動の大きい生鮮食品を除く総合指数が前年同月比で4.2%の上昇となりました。第2次石油危機の影響で物価が上がっていた1981年9月の同4.2%以来、41年4か月ぶりの上昇率となりました。

このような状況のなか行われた、3月10日の日銀の金融政策決定会

7 補完供給オペ／国債の売買市場で特定銘柄の調達が困難となるのをきっかけに市場の全体の流動性が低下することを回避し、国債相場を安定させることを目的として、日銀が保有する国債を金融機関など市場参加者に一時的かつ補完的に供給する制度。

合では、金融政策の現状維持が決定しました。
3月10日の日本相互証券で、日銀の10年カレントの指し値オペの対象となっている368回債の利回りが、マイナス0.020%に低下していますが、これは完全に需給バランスが崩れたためです。

物価が上昇し、金利上昇圧力が強まるなか、長期金利を無理矢理抑え込むために、このような積極的な買い入れを実施した結果、日銀による2022年度の国債買い入れ額は、前年度から約63兆円増の135兆9890億円となりました。2016年度の115兆8001億円を超え、過去最高額となったのです。

そして3月20日に氷見野良三・前金融庁長官と内田真一・日銀理事が日銀副総裁に就任。4月9日には黒田前総裁の後任として、経済学者の植田和男氏が総裁に就任しました。

4月の日銀新体制発足以後、植田総裁は現時点ではイールドカーブ・コントロールによる金融緩和の継続が必要であり、拙速な政策転換のコストは「極めて大きい」との認識を示しています。市場では、イールドカーブ・コントロールの修正をはじめとして、早急に政策変更への道筋を示すであろうという期待があったのですが、その期待は裏切られた格好です。

1 2022年の世界的な物価上昇で、欧米の中央銀行が利上げ

2 日本の長期金利にも上昇圧力がかかり、日銀は指し値オペを強化

3 日銀は2022年12月にYCCのレンジを±0.50%に拡大

おわりに

国債に関わって30年 感じる現在の市場の異様さ

最後に、私の目線で債券市場について振り返っておきたいと思います。

私が国債に関心を持ったのは1985年のことでした。外為市場を揺るがしたプラザ合意（先進5か国の中央銀行によるドル安誘導の合意）が結ばれた年ですが、当時の私の興味は、この年の10月、日本で初めてとなる金融先物取引が、東京証券取引所に上場するというニュースに向いていました。

その頃、私は水戸証券株式会社という証券会社に勤めていました。株式市場などに関心があったわけではなく、仕事上、金融の知識を学びました。あくまで仕事に必要だから程度の関心でした。しかし、「先物」という言葉には新たな未来を感じたのです。

私は昔から新しい物好きでした。大学の学生時代に当時まだ目新しかったNECのPC8001というパーソナルコンピュータを所有していたほどです。当時はゲームぐらいしかできなかったのですが、パソコンの可能性を感じていました。それがなぜか証券会社に入ってしまったのですが、パソコンの知識は妙なかたちで生かされます。

1985年に私が所属していたのは、債券部の募集課でした。債券や投資信託の募集・販売のバックオフィス部門です。ここで債券の基本をみっちりと教育され、基礎的な知識を得ました。

そんななか、東証に10月13日に長期国債先物が上場することが報じられ、私は密かに東証の勉強会などに個人で参加するようになります。

当時は数少ない金融先物の専門書も買いそろえました。できれば債券先物を売買する債券ディーラーになりたいという意欲も密かに持っていました。

業務でも何とか長期国債先物（通称、債券先物）に関われないかと考え、思いついたのが、債券先物の業務用のシステムに携わることです。

当時はそろばんから電卓、そしてコンピュータへの移行期にありました。とくに証券業界は、国内でもコンピュータを真っ先に取り入れた業種のひとつです。大手証券では債券先物も通常の業務システムに組み込まれていましたが、私の会社ではシステム化は考えておらず、手作業で事務を行うようでした。

私はパソコンを持っていた関係で、簡単なプログラムは書くことができました。債券部にはオフィスコンピュータが配備されており、使われているコンピュータ言語も、パソコンとほぼ同じものでした。私は、これを使って債券先物の業務システムを構築できないかと企んだのです。

直属上司にも許可をもらい、独自にシステムを構築しました。売り買いの伝票、売買状況、ポジションの集計、評価損益などが出せるシステムで、情報系としてチーペストも算出しました。

上司に電卓等で結果が正しいか確認してもらい、この業務システムは使えるということとなり、稼働したのです。

こうして私は、債券先物に関わることとなりました。

債券先物の相場は上場直後から上昇していきましたが、思わぬ事態が発生します。プラザ合意を受けて、日銀が短期金利の高め誘導（資金は一般的に金利が高いほうに流れるため円が上がる可能性が高い）を実施したのです。

当時の証券会社はご祝儀好きです。債券先物は本来ヘッジ（リスク回避）商品なのですが、多くの証券会社の債券ディーラーが、債券先物に買いのポジションを取ったのです。そんな状態で、債券先物は暴落しました。

私のいた証券会社では、債券先物の上場による債券売買業務、主に短期売買を担当する債券ディーラーとして、ほかの証券会社から経験者を引き抜いていました。しかし、プラザ合意後の暴落で、彼らは大きな損失を抱えてしまったのです。

結果、債券先物の上場から1年で、社内での債券ディーラーは一新されました。この時に白羽の矢が立ったのが私でした。

独自にシステムをつくり上げる債券先物への関心の高さが買われたのだと思います。しかし私は、証券の売買業務においては初心者だったため、株式売買業務経験の長い先輩が上司として就任。2人で、1986年10月から債券先物や10年国債の指標銘柄について、債券ディーリング（自社資金を使った売買）業務を開始しました。

債券ディーラーとなり、毎日が緊張の連続でした。銀行のフルディーリング（対象銘柄に対する制限の撤廃）認可や債券先物の登場もあって、債券市場では本格的なディーリング相場が開始されていたのです。

試行錯誤の繰り返しでした。結果、1986年度ベースの売買損益は多少マイナスとなったものの、こうして私のディーラー生活はスタートしました。1987年度からは年度ベースのディーリング損益で黒字を保つこととなり、その間に、多くの人と知り合いました。

東証に売買の電話をしていた時の相手が、当時の実栄証券の人でした。本当は直接接してはいけないとされていたのですが、かなり親しくさせてもらうこととなり、債券先物市場のイロハを教えてもらいました。ほかの銀行や証券会社のディーラーなども紹介してもらいました。

またほかの証券会社の勉強会などを通じて、多くのディーラーの知人を得ることもできました。こうしたほかの会社のディーラーとの交流によって、多くのことを学ぶことができました。

彼らのなかから、本音で語り合える友人たちも得ました。これはストレスのかかるディーラーとしては本当に心強いものとなりました。

次の転機は1995年頃のことです。1995年といえば、ウインドウズ95が発売された年で、ここからインターネットの普及が始まります。私も音響カプラ（電話回線を通じてデータの送受信を行う装置の一種）などを使ってインターネットを始めていました。

インターネットが広まると、今度は個人のホームページなるものが普及しはじめました。私も流れに乗りたいと、ホームページ作成に手を出しました。自分に出来て差別化が図れるものとして選んだ題材は仕事そのものでした。1996年頃に「債券ディーリングルーム」を開設しています。

これが意外に好評で、100万アクセスを更新しました。なかでも債券の市況を会話形式で伝える「牛さん熊さんの本日の債券」へのアクセスが増加しました。

インターネットといえばオフ会です。私もオフ会を開催してみたところ、債券市場に大きな影響力を持つような人たちを中心に、多くの人が集まってくれたのです。その輪が拡がり、屋形船を貸し切っての「牛熊友の会屋形船」を開催したりしました。

すると、オフ会で知り合った人たちとの交流に、関心を持つ人物が現れました。それが小説家の幸田真音さんです。日本国債を題材にした小説を書いているということで、インターネットを使ったチャットなどにも関心があったようです。当時務めていた会社の応接室で、幸田さんのインタビューを受けました。

そして出版されたのが、ベストセラー小説となった『日本国債』でした。この後編で活躍する尾張証券の久保井は、牛熊友の会を開催し、その仲間で国債を暴落させています。その手段としてインターネットが想定されたのでした。

むろん私は日本国債を暴落させようなどと思ったことはありませんが、水戸証券でないものの同じ御三家の名前をとった尾張証券、久保田と久保井、そして牛熊友の会、とさすがに類似点が多く、「モデルになっていたと言ってもよいですよね」と幸田さんから了承をいただき、『日本国債』の登場人物のモデルと名乗るようになりました。

2001年に水戸証券を退社し、債券ディーラーも辞めることとなります。これ以降はインターネットを中心に、「牛さん熊さんの本日の債券」というコンテンツを有料で配信するサービスを開始し、現在に至ります。

このように1985年あたりから債券市場に関わりはじめて、30年以上となります。債券ディーラーを辞めた2001年あたりからの債券市場は、本文でも書きましたが、10年国債の利回りが2%を下回って推移し、変動幅も小さくなりました。

ただし、債券市場の規模は国債発行額の増加によって膨らみ続けています。一時は世界一とされた日本の債券市場ですが、現在でもトップクラスの規模を持っています。

そんな日本の債券市場ですが、2013年のアベノミクスの登場とともに、様相がおかしくなりはじめました。

長期金利は誰が決めるのか。じつはこれがこの本の大きな主題ともなっています。私が債券ディーラー時代、当然ながら市場価格は市場参加者が決めていました。ただし、これが行き過ぎるときもありました。国債価格の急落のケースなども、行き過ぎの反動だったといえます。

なかでも最も印象に残っているのが、1987年の10年89回債が日本相互証券で、公定歩合の2.50%に接近する2.55%まで買われたときでした。このときは大手証券が系列証券と大手銀行を巻き込んで、軍団を形成し、89回国債を異常なまでに買いあげていったのです。

このため、イールドカーブに大きな歪みが発生しました。まさかそれから35年後に、日銀が異常なまでに国債を買いあげて、同じようなイールドカーブの歪みを形成するなどとは思いもしませんでした。

それだけ、今の日銀がやっていることは異常なことです。1987年に

89回債を2.55%まで買いあげた大手証券のチーフディーラーは「公定歩合が低すぎる」という名言を残しました。自分が長期金利を2.55%まで引き下げたのだから、日銀は公定歩合を引き下げろといわんばかりでした。しかし、その発言をピークに債券市場は反落し、これをきっかけに債券ディーリングの最盛期は終了、債券バブルは弾けました。

2022年の日銀による無制限毎営業日連続指し値オペは、1987年の某大手証券軍団の大規模買入などよりも、たちが悪いといえます。相手が日銀だけに、金融機関は表だって文句も言えません。

私は日銀と取引関係などないので、自由に発言できる立場から、日銀の行っているイールドカーブ・コントロール(長期金利コントロール)は市場機能を失わせるだけで、百害あって一利無しであることを訴えてきたつもりです。

イールドカーブ・コントロールはいずれ廃止されると思いますが、それもあまりに遅すぎます。2021年あたりから日本の物価を取り巻く情勢に変化が訪れたものの、日銀はそれを無視し、強力な金融緩和の手を緩めようとしませんでした。

日本の債券市場にとって、異次元緩和を続ける日銀は敵といっても過言ではなくなりました。日銀内部の人の多くは、異次元緩和の継続に違和感を持っていたはずです。しかし、そういった声にも一切耳を貸さず、全員一致で異次元緩和を続けた日銀は異常な存在となり続けました。

長期金利は市場で形成される。そんなあたりまえのことが再び戻ることを切に願っています。それとともに日銀には本来の物価の番人としての役割をしっかり果たしていってほしいと思います。マイナス金利政策などやっている場合ではなく、金融政策を正常化させてほしいのです。

久保田博幸（くぼた・ひろゆき）

1958年神奈川県生まれ。慶應義塾大学の法学部政治学科を卒業後、証券会社の債券部で14年にわたり、主に国債の債券ディーリング業務に携わった。その間、1996年に債券市場のホームページの草分けとなる「債券ディーリングルーム」を立ち上げる。幸田真音のベストセラー小説『日本国債』の登場人物のモデルとなっている。
専門は日本の債券市場についての分析であり、特に日本の国債と日本銀行の金融政策に関する深い知識を持っている。
現在は、ヤフーで金融アナリストとして記事を投稿しており、「牛さん熊さんの本日の債券」というメールマガジンも定期的に発行している。日本アナリスト協会の認定会員でもある。
主な著書は『最新　債券の基本とカラクリがよ～くわかる本』(秀和システム)、『日本国債先物入門』(パンローリング)、『聞け! 是清の警告 アベノミクスが学ぶべき「出口」の教訓』(すばる舎)など。

本文・カバーデザイン　三森健太(JUNGLE)
本文・カバーイラスト　大野文彰
編集協力　藪内健史・遠藤昭徳(株式会社クリエイティブ・スイート)
DTP　山岸全・望月彩加(株式会社ウエイド)
大槻亜衣(株式会社クリエイティブ・スイート)
校正協力　株式会社聚珍社

イラスト図解
知っているようで知らない
国債のしくみ

著　者　久保田博幸
発行者　池田士文
印刷所　萩原印刷株式会社
製本所　萩原印刷株式会社
発行所　株式会社池田書店
〒162-0851
東京都新宿区弁天町43番地
電話 03-3267-6821(代)
FAX 03-3235-6672

落丁・乱丁はお取り替えいたします。

ISBN 978-4-262-17485-3

[本書内容に関するお問い合わせ]
書名、該当ページを明記の上、郵送、FAX、または当社ホームページお問い合わせフォームからお送りください。なお回答にはお時間がかかる場合がございます。電話によるお問い合わせはお受けしておりません。また本書内容以外のご質問などにもお答えできませんので、あらかじめご了承ください。本書のご感想についても、当社HPフォームよりお寄せください。
[お問い合わせ・ご感想フォーム]
当社ホームページから
https://www.ikedashoten.co.jp/

23000007